CH00733205

10.

Titolo originale   *Leben des Galilei*

© 1955 Bertolt Brecht - Erben

All rights reserved by and controlled trough Suhrkamp Verlag, Berlin

Collaboratrice: M. Steffin
Musica: H. Eisler

© 1963 Giulio Einaudi editore s.p.a., Torino

www.einaudi.it

ISBN 978-88-06-06296-5

Bertolt Brecht

VITA DI GALILEO

Dramma

A cura di Emilio Castellani

Giulio Einaudi editore

Drammatizzazione in quindici scene della carriera del grande scienziato toscano – dall'invenzione del cannocchiale e dalla scoperta dei pianeti di Giove alla prima condanna del Sant'Uffizio, fino all'ultima vecchiaia trascorsa in domicilio coatto in conseguenza della seconda condanna –, *Vita di Galileo* di Bertolt Brecht è, anzitutto, un fatto di eccezionale rilievo nella storia del teatro contemporaneo; e la sua realizzazione italiana, ad opera di Giorgio Strehler, ha rivestito un'importanza altrettanto eccezionale nella nostra cultura degli anni sessanta. Pur se non pienamente accettabile sotto certi aspetti, essa ha posto in rilievo con somma efficacia il tipo di drammaturgia epica di cui il testo – con buona pace di chi sostiene il contrario, per es. Hans Mayer – è un modello ineguagliato: come comprova del resto il lungo capitolo che Brecht dedicò al dramma nella sua principale opera teorica. In nessun altro lavoro teatrale brechtiano si assiste ad una così ampia e radicale dialettizzazione di un personaggio, a un così spregiudicato rovesciamento e raddrizzamento di idoli; e l'abbondanza, la vastità, la complessità delle prospettive che vi si aprono hanno del vertiginoso.

Perché, oltre ad essere un grande testo di teatro epico – in cui l'«effetto di straniamento» è applicato con audacia radicale, tanto da esporre lo spettatore al rischio di trovarsi a mal partito nella formazione del suo rapporto col protagonista e con gli altri personaggi –, *Vita di Galileo* è anche una delle opere fondamentali della cultura del nostro secolo, cioè dell'epoca tardo-borghese, contrassegnata dalle guerre mondiali, dalle lotte dei popoli contro il fascismo, il colonialismo e il neocapitalismo, dall'affermarsi di modelli di società socialiste, e dallo spalancarsi di una paurosa frattura tra progresso tecnico e progresso sociale. È tale, in primo luogo, per la piena consapevolezza ideologica che la informa. È tale, inoltre, perché, nella storia della sua genesi e dei ripensamenti che ebbe a subire, rispecchia il periodo decisivo della storia ideale del suo autore, la cui

figura costituisce un punto di riferimento di assoluta premi-
nenza nel travaglio culturale contemporaneo: e ciò non solo per
la nostra generazione di quarantenni e cinquantenni, ma, lo si
voglia o no, anche per le generazioni piú giovani, e chissà per
quanto tempo ancora.

Si può dunque, anzi si deve parlare di un valore autobiografico del dramma: nel senso che esso costituisce quasi una
summa delle esperienze ideali venute a sovrapporsi, durante il
lungo esilio vagabondo ed « estraniatore » di Brecht dalla patria, alla ferma base marxista della sua concezione del mondo.
Il termine *summa*, ci permettiamo di far notare, è assunto qui in
una accezione altrettanto antitradizionale quanto era antiaristo-
telico il senso in cui lo scrittore si avvalse della parola *organon*
quando volle codificare i fondamenti delle sue teorie sul teatro.
Senonché, nel *Kleines Organon für das Theater* (noto in Italia
sotto il titolo *Breviario di estetica teatrale*) è avvertibile, malgrado l'atteggiamento polemico implicito nel titolo, una certa
serenità di visione, un momento di pace raggiunta dallo scrittore con se stesso; mentre nel *Galileo*, sotto l'esteriore impo-
nenza e solidità di svolgimento, sotto l'apparente cordialità
realistica con la quale è trattato il personaggio storico, sentia-
mo pulsare delle contraddizioni terribili, ben consone alla cultura dilaniata e antisistematica di cui l'opera è specchio e de-
nuncia insieme.

Nell'introduzione scritta per l'edizione italiana in unico vo-
lume del teatro di Brecht [1], Hans Mayer traccia (in verità un
po' troppo frettolosamente) le tappe della genesi del *Galileo*;
vale la pena di seguirlo, cercando di dare maggior sviluppo ai
suoi ragionamenti, per tentare una ricognizione della problo-
matica immane che sta a fondamento dell'opera.

Dunque: nella prima versione, completata nel 1938 (cinque anni dopo l'inizio dell'esilio) Brecht vede nel suo personaggio l'esempio di un'« abile, astuta capitolazione al servizio della
verità. Galileo abiura per poter continuare a lavorare senza
essere molestato dai suoi persecutori »; egli rappresenta cioè
un'incarnazione dell'astuzia che Brecht raccomanda a chi è rimasto esule in patria, agli antinazisti non smascherati che con-
tinuano a vivere, e a cercar di non soffocare, sotto Hitler. È il
quinto punto del trattato sulle *Cinque difficoltà per scrivere la*

---

[1] Cfr. BERTOLT BRECHT, *Teatro*, Einaudi (« NUE »), Torino 1965, pp. VII-
XXXV.

verità: «l'astuzia di diffondere la verità tra molte persone» (non disgiunta, beninteso, dal «giudizio di saper scegliere coloro nelle cui mani la verità diventa efficace» e dall'«arte di rendere la verità manovrabile come un'arma») [1]. Si tratta di una lotta senza quartiere contro una barbarie senza quartiere; perciò anche la possibilità che l'abiura venga fraintesa (ossia moralmente condannata) non dev'essere una remora per l'intellettuale che si batte per la sopravvivenza non tanto sua propria, quanto del suo sapere. Sul piano dello spirito, un po' la stessa azione testarda, da tarlo cieco, di Schweyk rispetto all'esercito imperial-regio.

Seconda fase: preparazione e lancio della bomba atomica (1943-47). Ora Galileo assume, nel concetto dello scrittore, una funzione diversa: avendo «capitolato senza che ce ne fosse veramente bisogno», egli dev'essere «condannato dal lettore e dallo spettatore». Nasce a questo punto la cosiddetta versione Laughton – quella di cui ci valemmo per la prima traduzione italiana [2] –, notevolmente modificata rispetto alla prima. Scompaiono alcuni personaggi, non poche lungaggini vengono eliminate; risultano soppresse alcune scene figuranti nella prima versione e che saranno riprese nella terza (litigio del granduca bambino con Andrea; peste a Firenze; finale in una «cittadina italiana di confine»); infine l'attuale scena XIV è profondamente rimaneggiata: la consegna ad Andrea del manoscritto dei *Discorsi* precede, anziché seguire, le confidenze di Galileo, che qui si trasformano in una massiccia autodenuncia quale reo di tradimento verso la scienza.

La terza fase (Berlino Est, dopo il ritorno dall'America e il famoso interrogatorio da parte del Comitato per le attività antiamericane, nonché dopo il soggiorno a Zurigo) corrisponde alla terza e – per forza di cose – ultima versione. Brecht riprende qui quasi tutto il materiale della prima stesura (in particolare le scene tagliate, pur con qualche lieve variante), ma si attiene alla conclusione della versione Laughton, ossia lascia pressoché immutata l'autodenuncia di Galileo. E nelle *Note* (*Anmerkungen*) che allora redige, la sua condanna del protagonista è esplicita, in particolare per quanto riguarda il rapporto con la Chiesa cattolica. I dignitari del Sant'Uffizio, dice Brecht, « sulla scorta delle passate esperienze... ritengono di poter con-

---

[1] Cfr. BERTOLT BRECHT, *Teatro. I*, Einaudi («Supercoralli»), Torino 1951, pp. 8-12.
[2] *Ibid.*, *II*, Einaudi («Supercoralli»), Torino 1954, pp. 21-111.

tare sulla pronta condiscendenza di Galileo. E non s'ingannano ».

Condanna totale, dunque. Perché? Per quali ragioni, a quali fini soprattutto? Che cosa ha inteso Brecht gettando « al nulla » un personaggio storicamente tanto prestigioso? Tale era stata, nell'*Interrogatorio di Lucullo*, la condanna del tribunale dei morti, « avi della posterità », per un condottiero-ghiottone; ugual sorte doveva toccare, nelle intenzioni dello scrittore, a Madre Courage, personaggio tutt'altro che prestigioso, anche se prepotente di vitalità drammatica; ma all'orrore per l'atroce dissennatezza della guerra, che ispirava il dramma, necessariamente si contrappuntava, nel potenziale uditorio, se non forse nell'animo stesso dello scrittore, una luminosa speranza di pace sul mondo. Per Galileo invece non v'è remissione apparente, se non sia la vaga àncora di salvezza cui s'aggrappa l'ultima battuta di Andrea: « Non posso credere che quella vostra crudele analisi sia l'ultima parola ». Come mai Brecht si è dimostrato cosí inesorabile nel negare all'esempio del titanico campione della libertà d'indagine ogni carattere di positività? Proprio l'autobiografismo di *Vita di Galileo* ci induce a considerare questi motivi (la cui ricerca, d'altronde, non può essere tentata qui che sommariamente) come determinanti dell'intera personalità e creatività brechtiana.

Gioca in primissimo luogo la preoccupazione antititanica, antieroica: costante assoluta dello spirito di Brecht, da *Baal* e da *Tamburi nella notte* (anzi, dalle primissime poesie) in poi; in stretta connessione con lo slancio altrettanto costante che lo spinge a parlare, di là dai secoli, « a coloro che verranno ». È certo insomma che Brecht, piú che a Galileo, pensa soprattutto a se stesso, al suo destino di scrittore di fronte alle convulsioni e al guazzabuglio della cultura strumentalizzata, al rischio di divenire, tra gli uomini futuri, oggetto di un culto entusiastico quanto equivoco, di una canonizzazione distorta e irrisoria, simile a quella dell'eroina di *Santa Giovanna dei Macelli*. « Sia lode al dubbio », sempre, tenacemente, perfino rabbiosamente, al disopra di tutto, in eterno. Ma a questo punto non vien fatto di pensare a molte cose di estrema, permanente attualità? Prima di tutto alle « astuzie » messe in opera da Brecht stesso nel famoso interrogatorio americano? Al disorientamento di Oppenheimer, ai suoi balbettamenti sotto il torchio della celebre inchiesta? A casi di coscienze lacerate, come quella di Klaus Fuchs, alla tragedia dei Rosenberg, alla tregenda maccarthista? E, piú intensamente ancora, alle terribili « confessioni spontanee» di Zinov'ev, Kamenev, Bucharin, in cui sembra di avvertire un non dissimile, demoniaco impulso di autoaccusa? Da una parte l'applicazione rigorosa, ferreamente univoca, del marxismo-leninismo quale fondamento di una ragion di Stato (Stato-guida, sia pure): non è stata essa a portare in definitiva alla liquidazione, o autoliquidazione, della vecchia guardia bolscevica come gruppo direttivo rivoluzionario? Dall'altra parte l'applicazione altrettanto rigorosa del principio della libertà scientifica: non è essa la responsabile dell'abisso via via sempre piú disastroso fra scienza e società, non è essa che fa incombere sull'umanità la minaccia dell'apocalisse?

Le grandi discipline rinnovatrici del tempo storico di Brecht si presentano, cosí, in una connessione inaspettata e abbagliante, rivelando tutta la loro mostruosa complicazione, l'inestricabilità angosciosa degli interrogativi che suscitano: tanto piú angosciosa quanto piú stimolante era stata l'energia da esse destata nel mondo al loro apparire. È l'intera problematica della sinistra che viene esposta e messa in discussione: non solo nella sua fase di affermazione illuministica, ma contemporaneamente anche nella sua entrata in crisi. Il Galileo della prima scena sta al Marx del *Manifesto* come quello della scena finale sta agli intellettuali perseguitati e piagati dall'implacabilità del binomio scienza-fanatismo.

Come superare il vicolo cieco, non solo dell'aporia conclusiva di *Vita di Galileo*, ma dell'ipoteca che pesa sull'avvenire della cultura, Brecht non ce lo dice; e gli esegeti, favorevoli od ostili, invano si affaticano nel congetturare al riguardo. È la stessa eredità di dubbio, l'incitamento all'uomo di oggi e di domani perché pensi a come risolvere i difficilissimi casi suoi, che ispira anche l'epilogo in versi dell'*Anima buona del Sezuan*: ma qui, nel *Galileo*, con una gravità, un accoramento, una crudezza ben maggiori, com'è logico in chi abbia abbandonato il piano della parabola e metta direttamente il dito sulla piaga, e chiami per nome i dilemmi che incombono sul progresso e lo condizionano e soprattutto ricapitoli, al termine di una carriera ricca di trionfi spirituali, i risvolti di responsabilità umana in essa impliciti, e se ne ritragga con un moto incoercibile di disgusto e di orrore. Proprio quest'atteggiamento di criticarsi, di ritirarsi al momento del «dunque» è forse il motivo principale per cui *Vita di Galileo*, piú che un documento autobiografico, costituisce un *Bekenntnis*, una «confessione»· (nel senso piú alto) dell'uomo e del pensatore Brecht: l'ammissione di una debolezza.

Di debolezze, il Galileo·brechtiano è una sentina traboccante. Con un'interpretazione assai opinabile – ma non perciò meno deliberata – della verità storica, Brecht ce lo dipinge, sempre piú aspramente col procedere delle scene, come dedito ad « accumulare sapere per sapere », in un'egoistica cerchia di benessere privato all'ombra della protezione dei potenti; avido di tale benessere fisico e spirituale al punto da accettare perfino, negli ultimi anni di vita, la contropartita della prigionia. Si può aprire a questo punto la fin troppo nota prospettiva dei riferimenti personali nell'opera brechtiana: la prospettiva del personaggio mangione, gaudente, prepotente, impulsivo, profittatore, ciarlatano, la galleria di ritratti dei Puntila, degli Schweyk e degli Azdak, dei Mauler, Macheath e Lucullo, degli omacci di *Mahagonny* su su fino a Garga, a Baal, al ripudiatissimo eroe di *Tamburi nella notte*, grande rinunciatario in nome del senso e del letto.

Sotto il profilo dell'invenzione artistica Galileo ci appare dunque come la piú compiuta incarnazione del « vecchio Adamo » luterano cui sia giunta l'arte del drammaturgo. Due figure di discepoli, Andrea Sarti e Frate Fulgenzio, simboleggianti il famoso motivo della deprecata « bontà » (o, che è lo stesso, della fedeltà inconcussa – e ottusa – ai principî) gli fanno da riscontro drammatico, da cartina di tornasole; in Frate Fulgenzio è anche adombrato il motivo dialettico della crisi intaccante l'altro termine della lotta ideale in corso, l'autorità costituita della Chiesa. Virginia, la figlia, è invece una specie di vestale dello « spirito dei tempi » (altro sasso chiaramente gettato nel proprio orticello!), dapprima melensa, poi frustrata e bisbetica. Vanni, Federzoni e la signora Sarti sono figure piú o meno emblematiche del (diciamo cosí) terzo e quarto stato dell'epoca. Le scene della peste a Firenze sono una chiara trasposizione allegorica della Germania sotto l'incubo del nazismo (e forse anche dello stalinismo ulbrichtiano? In realtà, furono scritte prima della guerra; ma nell'ultima versione sono state riprese...) La celebre processione carnevalesca, che sembra voler adombrare i ribollimenti, tra superstiziosi e sediziosi, dell'Italia della Controriforma, è il piú esplicito tributo pagato alla propensione dell'autore verso i momenti negativi della dialettica storica, all'attrazione per le fasi di sconvolgimento sociale che tante sue opere denotano (ci limiteremo a citare *Teste tonde e teste a punta* e *Il cerchio di gesso del Caucaso*). Lo slancio sportivo con cui Galileo attende al suo lavoro di ricercatore, di scienziato, d'insegnante, è esso pure un atteggiamento familiare allo scrittore fin dalla giovinezza; ma anche su di esso sembra calare, alla fine, l'ombra d'un giudizio negativo, d'una diffidenza spinta fin quasi alla repulsione.

Testo di una vertiginosa ricchezza di prospettive: l'abbiamo detto al principio, non possiamo che ripeterlo ora. Può darsi di tutto, nel mondo in cui oggi viviamo; può darsi che la « progenie di gnomi inventivi pronti a farsi assoldare », prevista da Galileo cieco con terrore e ribrezzo, finisca con lo sganciare sull'umanità grappoli di bombe atomiche. Ma siamo convinti che, segnatamente attraverso *Vita di Galileo*, Brecht abbia ancora da dire agli uomini infinite cose; e che da ciascuna di esse si possa trarre lo spunto informatore di nuove « rappresentazioni » e meditazioni.

EMILIO CASTELLANI

VITA DI GALILEO

Dramma

Personaggi

Galileo Galilei
Andrea Sarti
La signora Sarti, governante di Galileo,
   madre di Andrea
Ludovico Marsili, giovane di ricca famiglia
Priuli, procuratore dello Studio di Padova
Sagredo, amico di Galileo
Virginia, figlia di Galileo
Federzoni, occhialaio, aiutante di Galileo
Il Doge
Consiglieri della Repubblica Veneta
Cosimo de' Medici, Granduca di Firenze
Il ciambellano
Il teologo
Il filosofo
Il matematico
Una dama di corte
Un'altra dama piú giovane
Un valletto del Granduca
Due suore
Due soldati
La vecchia
Un prelato grasso
Due scienziati
Due monaci
Due astronomi
Un monaco allampanato

Un cardinale vecchissimo
Padre Cristoforo Clavio, astronomo
Frate Fulgenzio, un monacello
Il Cardinale Inquisitore
Il Cardinale Barberini, poi Papa Urbano VIII
Il Cardinale Bellarmino
Due segretari ecclesiastici
Due giovani dame
Filippo Muzio, scienziato
Gaffone, rettore dell'Università di Pisa
Il cantastorie
La moglie del cantastorie
Vanni, fonditore
Un funzionario
Un altro funzionario
Un individuo
Un frate
Un contadino
Una guardia confinaria
Uno scrivano
Uomini, donne, ragazzi

I.

Galileo Galilei, docente di matematiche a Padova, cerca le prove del nuovo sistema cosmico di Copernico.

Nell'anno milleseicentonove
splendé chiara la luce della scienza
da una piccola casa di Padova.
Galileo Galilei accertò coi suoi calcoli
che il sole sta fermo e la terra si muove.

Stanza di lavoro, miseramente arredata, di Galileo a Padova.

È il mattino. Un ragazzetto, Andrea, figlio della governante, entra recando un bicchiere di latte e un panino.

GALILEO (*si lava a torso nudo, sbuffando allegramente*)
Posa il latte sul tavolo, ma non chiudermi i libri.

ANDREA   La mamma ha detto che c'è da pagare il lattaio. Sennò quello, tra poco, girerà al largo della nostra casa, signor Galileo.

GALILEO   Di' meglio: descriverà un cerchio intorno a noi.

ANDREA   Come volete. Se non paghiamo, descriverà un cerchio intorno a noi, signor Galileo.

GALILEO   E invece il signor Cambione, l'usciere giudiziario, viene qui dritto: dunque, che linea sceglie fra due punti?

ANDREA (*con un ghignetto*)   La piú corta.

GALILEO   Bravo. Ho qualcosa da mostrarti. Guarda dietro quelle mappe stellari.

Da dietro le mappe Andrea tira fuori un grande modello in legno del sistema tolemaico.

ANDREA   Cos'è?

GALILEO   Un astrolabio: un aggeggio che fa vedere come si muovono gli astri intorno alla terra, secondo l'opinione degli antichi.

ANDREA   E come?

GALILEO   Esaminiamolo. Cominciamo dal principio: descrizione.

ANDREA   In mezzo c'è un sassolino.

GALILEO   La terra.

ANDREA   Tutt'intorno, una sopra l'altra, tante calotte.

GALILEO   Quante?

ANDREA   Otto.

GALILEO   Sono le sfere di cristallo.

ANDREA   Alle calotte sono attaccate delle palline...

GALILEO   Le costellazioni.

ANDREA   E qui ci sono dei nastri, con dipinte sopra delle parole.

GALILEO   Che parole?

ANDREA   I nomi degli astri.

GALILEO   Per esempio?

ANDREA   La pallina piú in basso è la luna; c'è scritto su. Quella sopra, il sole.

GALILEO   Avanti, fa' muovere il sole.

ANDREA (*muovendo le calotte*)   Bello. Ma noi siamo come intrappolati dentro.

GALILEO (*asciugandosi*)   Già. Anche a me, la prima volta che lo vidi, fece lo stesso effetto. A certi, lo fa. (*Getta la salvietta ad Andrea perché gli asciughi le spalle*) Muri, calotte, ogni cosa immobile! Per duemil'anni l'umanità ha creduto che il sole e tutte le costellazioni celesti le girassero attorno. Papa, cardinali, principi, scienziati, condottieri, mercanti, pescivendole e scolaretti: tutti erano convinti di starsene immobili dentro questa calotta di cristallo. Ma ora ne stiamo uscendo fuori, Andrea: e ci attende un grande viaggio. Perché l'evo antico è finito e siamo nella nuova era. Da cent'anni è come se l'umanità si stia aspettando qualche cosa. Le città sono piccole, le teste altrettanto: piene di superstizioni e di pestilenze. Ma ora noi diciamo: visto che cosí è, cosí non deve rimanere. Perché ogni cosa si muove, amico mio.

Io ho in mente che tutto sia incominciato dalle navi. Sempre, a memoria d'uomo, le navi avevano strisciato lungo le coste: ad un tratto se ne allontanarono e si slanciarono fuori, attraversando il mare.

Sul nostro vecchio continente allora si sparse una voce: esistono nuovi continenti! E da quando le nostre navi vi approdano, i continenti ridendo dicono: il grande e temuto mare non è che un po' d'acqua. E c'è una gran voglia d'investigare le cause prime di tutto: per quale ragione un sasso, lasciato andare, cade, e gettato in alto, sale. Ogni giorno si trova qualcosa di nuovo. Perfino i centenari si fanno gridare all'orecchio dai giovani le ultime scoperte.

Molto è già stato trovato, ma quello che è ancora da trovare, è di piú. E questo significa altro lavoro per le nuove generazioni. A Siena, quand'ero giovane, una volta vidi alcuni muratori discutere per pochi minuti intorno al modo di spostare dei blocchi di granito: dopodiché, abbandonarono un metodo vecchio di mille anni per adottare una nuova disposizione di funi, piú semplice. In quel momento capii che l'evo antico era finito e cominciava la nuova era. Presto l'umanità avrà le idee chiare sul luogo in cui vive, sul corpo celeste che costituisce la sua dimora. Non le basta piú quello che sta scritto negli antichi libri.

Sí: perché, dove per mille anni aveva dominato la fede, ora domina il dubbio. Tutto il mondo dice: d'accordo, sta scritto nei libri, ma lasciate un po' che vediamo noi stessi. È come se la gente si avvicinasse alle verità piú solenni e battesse loro sulla spalla; quello di cui non si era mai dubitato, oggi è posto in dubbio.

E il gran risucchio d'aria che s'è levato da tutto questo, non rispetta neppure le vesti trapunte d'oro dei principi e dei prelati; e mette in mostra gambe grasse e gambe magre, gambe uguali alle nostre, insomma. È risultato che i cieli sono vuoti: e a questa constatazione è scoppiata una gran risata d'allegria.

Ma l'acqua della terra fa girare le nuove conocchie, e nei cantieri, nelle fabbriche di sartie e di vele, cinquecento mani si muovono insieme, secondo un nuovo sistema di lavoro.

Io prevedo che noi non saremo ancora morti, quando anche sulle piazze dei mercati si discuterà di astronomia. Anche i figli delle pescivendole andranno a scuola. E gli abitanti delle nostre città, assetati di cose nuove, prenderanno gusto a una nuova astronomia che faccia muovere un po' anche la terra. S'è sempre detto che le costellazioni sono fissate a una volta di cristallo, in modo che non possano cadere. Ma adesso abbiamo preso coraggio e lasciamo che si librino da sole, senza aggancio; e son tutte impegnate in lunghi percorsi, come le nostre navi: disancorate e in viaggio.

E la terra allegramente ruota intorno al sole, e insieme a lei ruotano pescivendole, mercanti, principi e cardinali e perfino il Papa.

Ma l'universo nel giro di una notte ha perduto il suo centro, e la mattina dopo ne aveva un'infinità. Da un momento all'altro, guarda quanto posto c'è.

Le nostre navi vanno lontano, le nostre costellazioni girano lontano nello spazio, perfino negli scacchi è un po' di tempo che le torri si muovono liberamente per tutta la scacchiera.

Come dice il poeta? « O alba del mondo... »

ANDREA

    O prima alba del mondo!
    O soffio di vento che vieni
    da lidi ancora ignoti...

E ora bevete il vostro latte, che poi viene un subisso di gente!

GALILEO   Tu, intanto, hai capito quello che t'ho detto ieri?

ANDREA   Cosa? Quella faccenda di Chippernico e della sua rotazione?

GALILEO   Già.

ANDREA   No. Ma perché vi ostinate a farlo capire a me?

È difficile. Non ho ancora undici anni, li compirò in ottobre.

GALILEO   Proprio questo voglio: che anche tu lo capisca. Proprio perché lo si capisca io sto lavorando tanto, e mi compro quei libri che costano un occhio, invece di pagare il lattaio.

ANDREA   Ma io lo vedo che il sole, la sera, sta in un punto diverso che al mattino. Dunque non sta fermo! Mai e poi mai!

GALILEO   Tu lo vedi! Ma che vedi, tu? Un bel niente. Guardi come un allocco: è molto diverso che vedere. (*Spinge il portacatino di ferro al centro della stanza*) Questo è il sole. Siedi. (*Andrea si siede su una sedia. Galileo si mette dietro di lui*) Dov'è il sole? A destra o a sinistra?

ANDREA   A sinistra.

GALILEO   E come può venirti a destra?

ANDREA   To'! Se voi ce lo portate, si capisce.

GALILEO   Si capisce? (*Lo solleva con tutta la sedia e compie con lui un mezzo giro*) Dov'è il sole, adesso?

ANDREA   A destra.

GALILEO   E chi si è mosso?

ANDREA   Lui, no.

GALILEO   E che si è mosso, allora?

ANDREA   Io.

GALILEO (*mugghiando*)   No! Stupido! La sedia!

ANDREA   Ma io ci stavo sopra!

GALILEO   Appunto. La sedia è la terra, e tu ci stai sopra.

SIGNORA SARTI (*che è entrata per rifare il letto ed ha assistito alla scena*)   Si può sapere che state facendo con mio figlio, signor Galileo?

GALILEO   Sto insegnandogli a vedere, signora Sarti.

SIGNORA SARTI   Portandolo in giro per la stanza a cotesto modo?

ANDREA   Lascia fare, mamma. Tu non puoi capire.

SIGNORA SARTI   Ah no? Tu invece capisci, tu? C'è di là un giovane signore che vuole lezioni. È ben vestito, e ha portato questa lettera di presentazione. (*Gliela consegna*) Gli montate la testa, al mio ragazzo: tra poco vorrà darmi ad intendere che due piú due fa cinque. Già fa una gran confusione di tutto quel che gli dite. Iersera mi dimostrava che la terra gira intorno al sole! S'è messo in capo che un tale, un certo Chippernico, a furia di calcoli è arrivato a questa scoperta.

ANDREA   E non è forse vero, signor Galileo? Non è Chippernico che lo ha calcolato? Diteglielo voi!

SIGNORA SARTI   Ma come? Davvero gli raccontate bestialità di questa sorta? E lui va a chiacchierare a scuola, e poi da me vengono i Padri a protestare perché mette in giro cose contro la religione. Bel giudizio, signor Galileo!

GALILEO (*che intanto fa colazione*)   Sulla base delle nostre ricerche, signora Sarti, Andrea ed io, dopo una vivace discussione, abbiamo fatto certe scoperte che non possiamo piú a lungo tenere celate al mondo. Sta sorgendo una nuova era, un'epoca di grandezza, un'epoca in cui sarà una gioia vivere.

SIGNORA SARTI   Benone. Speriamo di poter pagare il latte in questa nuova epoca, signor Galileo. Fatemi almeno la cortesia di non disgustare anche questo signore, come avete fatto con gli altri. Io penso al conto del lattaio. (*Via*).

GALILEO (*ridendo*)   Da brava, lasciatemi terminare il mio latte! (*Ad Andrea*) Dunque, abbiamo capito qualcosa, ieri!

ANDREA   Gliel'ho detto solo per farla meravigliare. Ma non è vero. Quella sedia dov'ero seduto, voi l'avete fatta girare solo di fianco, e non cosí (*accenna col braccio un moto da sotto in su*), altrimenti, io sarei caduto: è un fatto. Perché non avete fatto girare la sedia in avanti? Perché si sarebbe dimostrato che, se girasse cosí anche la terra, io cadrei giú. Eccovi servito.

GALILEO   Ma io ti ho dimostrato...

ANDREA   E io invece stanotte ho scoperto che, se la terra girasse a quel modo, io tutte le notti me ne starei con la testa all'ingiú. E anche questo è un fatto.

GALILEO (*prendendo una mela dal tavolo*)   Dunque: questa è la terra.

ANDREA   No, signor Galileo, non prendete sempre di questi esempi. Cosí riuscite sempre ad aver ragione.

GALILEO (*rimettendo giú la mela*)   D'accordo.

ANDREA   Con gli esempi si riesce sempre a farcela, se si è furbi. Solo che io non posso portare in giro mia madre su una sedia, come voi fate con me. Vedete dunque che bell'esempio: non vale niente. E anche se quella mela fosse la terra, non succederebbe proprio nulla.

GALILEO (*ridendo*)   Sei tu che non lo vuoi sapere.

ANDREA   Avanti, ripigliatela. Com'è che di notte non sto a testa in giú?

GALILEO   Dunque, questa è la terra e questo sei tu. (*Da un pezzo di legna per la stufa stacca una scheggia e la infigge nella mela*) E adesso la terra ruota intorno a se stessa.

ANDREA   E io adesso sto appeso con la testa all'ingiú.

GALILEO   Come? Guarda bene! Dov'è la tua testa?

ANDREA (*indicando la mela*)   Qui. Di sotto.

GALILEO   Come, di sotto? (*La fa ruotare all'indietro*) Guarda! Non sta nello stesso punto? I piedi non sono piú alla base? Stai forse cosí, quando giro la mela? (*Toglie la scheggia e la rivolta sottosopra*).

ANDREA   No. E allora, perché non mi accorgo di girare?

GALILEO   Perché giri insieme alla terra! Tu, e l'aria sopra di te, e tutto quello che è sulla sfera!

ANDREA   E perché sembra che sia il sole a muoversi?

GALILEO (*fa ruotare di nuovo la mela con la scheggia dentro*)   Dunque: sotto di te tu vedi la terra, sempre uguale, che ti sta sempre sotto i piedi e che per te non si muove. Ma ora guarda in alto: ora, sopra la tua testa, c'è la lampada; ma se io giro, adesso cosa c'è sopra la tua testa, cioè in alto?

ANDREA (*seguendo il moto di rotazione*)   La stufa.

GALILEO   E dov'è la lampada?

ANDREA   Sotto.

GALILEO   Visto?

ANDREA   Bella, questa! La farà restare a bocca aperta.

Ludovico Marsili, un giovane di famiglia ricca, entra nella stanza.

GALILEO   Che andirivieni, qui dentro!

LUDOVICO   Buongiorno, signore. Mi chiamo Ludovico Marsili.

GALILEO   (*legge attentamente la lettera di presentazione*) Venite dall'Olanda?

LUDOVICO   Dove ho sentito molto parlare di voi, signor Galileo.

GALILEO   La vostra famiglia ha dei possedimenti in Campania?

LUDOVICO   La mamma ha voluto che andassi un po' a dare un'occhiata a quel che succede nel mondo, eccetera.

GALILEO   E in Olanda avete sentito, per esempio, che in Italia succede che ci sono io?

LUDOVICO   E siccome la mamma vuole che mi orienti un po' in fatto di scienza...

GALILEO   Per lezioni private: dieci scudi al mese.

LUDOVICO   Benissimo, signore.

GALILEO   Di che vi occupate?

LUDOVICO   Cavalli.

GALILEO   Uhm.

LUDOVICO   Ho poca testa per la scienza, signor Galileo.

GALILEO   Uhm. Cosí stando le cose, quindici scudi al mese.

LUDOVICO   Benissimo, signor Galileo.

GALILEO   Dovrò mettervi a tavolino la mattina presto. Ci andrai di mezzo tu, Andrea. Con questo sei eliminato. Tu capisci, perciò non paghi.

ANDREA   Me ne sto andando. Posso prendere la mela?

GALILEO   Sí.

Andrea esce.

LUDOVICO   Dovrete portar pazienza con me. Specialmente perché nelle scienze tutto è sempre diverso da quello che sembrerebbe secondo il buonsenso. Prendete per esempio quello strano tubo che vendono ad Amsterdam. L'ho esaminato minutamente: un fodero di cuoio verde e due lenti, una cosí (*disegna col gesto una lente concava*) e un'altra cosí (*ne disegna una convessa*). A quanto ho sentito dire, una ingrandisce, l'altra impicciolisce: di conseguenza, ogni persona normale crederebbe che si annullino. Macché! Si vede tutto cinque volte piú grande. La scienza! Chi ci capisce niente?

GALILEO   Cosa si vede cinque volte piú grande?

LUDOVICO   Le punte dei campanili, i colombi: tutto quello che è molto lontano.

GALILEO   Le avete viste coi vostri occhi, quelle punte di campanile ingrandite?

LUDOVICO   Sissignore.

GALILEO   E il tubo aveva due lenti? (*Traccia uno schizzo su di un foglio*) Era fatto cosí? (*Ludovico annuisce*). Quand'è che l'hanno inventato?

LUDOVICO   Credo, qualche giorno prima della mia partenza dall'Olanda. Comunque, solo da allora era in vendita.

GALILEO (*quasi affettuoso*)   E perché studiare proprio la fisica? Perché non l'allevamento dei cavalli?

Entra la signora Sarti, non vista da Galileo.

LUDOVICO   La mamma pensa che sia necessario intendersene un pochettino. Oggi, sapete, nelle conversazioni mondane, non si parla che di scienza.

GALILEO   Potreste scegliere una lingua morta, oppure la teologia: sono piú facili. (*Si accorge della signora Sarti*) Be', ci vediamo martedí mattina! (*Ludovico esce*). Non mi guardare a quel modo. L'ho preso, sí o no?

SIGNORA SARTI   Perché m'hai vista al momento buono. C'è il procuratore dello Studio.

GALILEO   Davvero? Fallo entrare subito, è importante: forse ci rimedio cinquecento scudi. Allora non avrei piú bisogno di allievi!

La signora Sarti fa entrare il procuratore Priuli. Galileo, intanto, termina di vestirsi, continuando tuttavia a scarabocchiare cifre su un foglietto.

GALILEO   Buongiorno, prestatemi un mezzo scudo. (*Dà alla signora Sarti la moneta che Priuli ha tratto dalla scarsella*) Signora, mandate Andrea dall'occhialaio a comprarmi due lenti: ecco le misure.

La signora Sarti esce col foglietto.

PRIULI   Sono venuto a parlarvi della vostra richiesta perché vi aumentino lo stipendio a mille scudi. Purtroppo
non posso appoggiarla presso lo Studio. Sapete che i
corsi di matematiche ormai sono poco frequentati. La
matematica è, diciamo, un'arte che non dà pane. Non
già che la Repubblica non la tenga nel massimo conto.
Non è necessaria come la filosofia, né utile come la teologia, ma procura tali godimenti a chi vi è esperto!

GALILEO (*chino sulle sue carte*)   Amico mio, con cinquecento scudi non ce la faccio.

PRIULI   Ma signor Galilei! Tenete due ore di lezione due
volte la settimana. E la vostra notorietà vi procura certamente allievi quanti ne volete, in grado di pagarsi le
vostre lezioni private! Non date lezioni private?

GALILEO   Fin troppe, caro signore! Non faccio altro che
insegnare: e quando volete che studi? Benedett'uomo,
io non sono un mostro di virtú come i dottori della facoltà di filosofia. Sono stupido, io. Non capisco niente
di niente. Perciò sono obbligato a turare i buchi della
mia conoscenza. E quando ho il tempo di farlo? Quando
posso compiere delle ricerche? Signor mio, la mia scienza è ancora assetata di sapere! Oggi come oggi, intorno ai massimi problemi, non esistono che delle ipotesi.
Ma noi esigiamo di fornire prove! E come riesco a pro-
gredire, se per sbarcare il lunario sono obbligato ad in-
culcare, in ogni testa di rapa che abbia soldi per pagarmi, che all'infinito le parallele s'incontrano?

PRIULI   Non dimenticate che, se la Repubblica forse non
paga lautamente come certi principi, garantisce la libertà d'indagine. Noi, a Padova, ammettiamo come audi-
tori allo Studio persino dei protestanti! E gli conferia-
mo tanto di laurea. E quando ci furono date le prove, le
prove dico, signor Galilei, che Messer Cremonini teneva
discorsi irreligiosi, non solo non l'abbiamo consegnato
all'Inquisizione, ma gli abbiamo anche aumentato lo stipendio! Fino in Olanda si sa che Venezia è la Repubblica dove l'Inquisizione non può mettere il becco. E

questo deve avere un certo valore per voi, che fate l'a-
stronomo e lavorate in un campo dove da lungo tempo
non si tiene piú nel dovuto rispetto l'insegnamento della Chiesa...

GALILEO   Ma Messer Giordano Bruno, siete stati voi a
consegnarlo a Roma. Perché diffondeva le teorie di Copernico.

PRIULI   Non perché diffondeva quelle teorie – che del
resto sono false – ma perché non era veneziano e non
aveva neppure un impiego presso di noi. Lasciatelo pure da parte, quello che è finito sul rogo. E, a proposito,
permettetemi di darvi un consiglio: per quanta libertà
ci sia, conviene sempre non gridare ai quattro venti un
nome su cui grava l'anatema ufficiale della Chiesa: neanche qui, nossignore, neanche qui.

GALILEO   È stato un gran buon affare, eh, per voi, la protezione della libertà di pensiero? Vi basta ammonire che
altrove regna l'Inquisizione e c'è puzzo di bruciato, per
procurarvi ottimi docenti a basso prezzo. La salvaguar-
dia dall'Inquisizione, ve la fate compensare pagando gli
stipendi peggiori.

PRIULI   È ingiusto! Ingiusto! Che ne ricavereste, dall'a-
ver tempo a volontà per le vostre ricerche, se il primo
ignorante monaco dell'Inquisizione può gettare l'inter-
detto sulle vostre idee? Non c'è rosa senza spine, non
c'è duca senza frati, signor Galilei!

GALILEO   E a che serve la libertà d'indagine senza tempo
libero per indagare? E che ne è dei risultati? Provate
una volta tanto a mostrare ai nobiluomini della Signoria queste mie ricerche sulla caduta dei gravi (*gli mostra
un fascio di manoscritti*) e domandategli se non credono
che valgano qualche scudo di piú!

PRIULI   Infinitamente di piú valgono, signor Galilei.

GALILEO   Infinitamente no, ma cinquecento scudi di piú,
sí, signor mio.

PRIULI   Vale scudi ciò che frutta scudi. Se volete denaro,
dovete produrre qualcos'altro. Voi vendete sapere: ma
non potete pretendere di ricavarne piú di quanto esso
frutta a chi lo compra. Per esempio, la filosofia che ven-

de Messer Colombe a Firenze, ogni anno frutta al Granduca almeno diecimila scudi. I vostri studi sulle leggi
della caduta dei gravi, senza dubbio, hanno sollevato
grande scalpore: a Parigi come a Praga si applaude al
vostro nome. Ma quei signori che laggiú vi applaudono,
non risarciscono lo Studio di Padova di quello che spen-
de per voi. La vostra disgrazia, carissimo Galilei, sta
nella vostra specialità.

GALILEO   Capisco: libero commercio, libera ricerca... Libero commercio della ricerca, no?

PRIULI   Ma signor Galilei! Che modo di vedere le cose!
Lasciate che ve lo dica: non riesco a gustare fino in
fondo le vostre battute di spirito. Non riesco a considerare i fiorenti commerci della nostra Repubblica come
qualcosa di spregevole. Ma ancor meno, nella mia ormai vecchia carica di Procuratore dello Studio Patavino,
mi sentirei di parlare in tono – scusate la franchezza –
cosí frivolo della ricerca scientifica. (*Mentre Galileo getta occhiate piene di bramosia verso il suo tavolo di lavoro*) Considerate le condizioni che regnano tutt'intorno a noi! La frusta della schiavitú sotto cui gemono le
scienze in tanti luoghi! Nel cuoio degli antichi in-folio,
là, ci hanno tagliato delle sferze! Là non si deve sapere
come cade un sasso, bensí ciò che Aristotele ha detto al
riguardo: e gli occhi devono servire solo a leggere. A
che scopo formulare nuove leggi sulla caduta dei gravi,
là dove la sola legge che importa è quella di cadere in
ginocchio? Posate ora sull'altro piatto della bilancia la
gioia infinita con cui la Repubblica accoglie il vostro
pensiero, per ardito che possa essere! Qui voi potete
effettuare le vostre ricerche! Qui potete lavorare! Nessuno che vi sorvegli, nessuno che vi opprima! I nostri
mercanti, che sanno bene cosa voglia dire, nella lotta
con la concorrenza fiorentina, un panno di qualità migliore, ascoltano con interesse il vostro appello: «Pro-
grediamo nella fisica! »; e quanto deve la fisica alla richiesta di migliori telai! I nostri cittadini piú eminenti
s'interessano alle vostre indagini, vi vengono a visitare,
vi chiedono di illustrare le vostre scoperte – e sono gen-

te il cui tempo è prezioso! Non disprezzate i commerci, signor Galilei. Qui nessuno sopporterebbe che il vostro lavoro fosse sia pur minimamente turbato, che persone incompetenti vi creassero delle difficoltà. Ammettetelo, signor Galilei: voi, qui, potete lavorare!

GALILEO (*disperato*) Sí.

PRIULI Quanto poi alle questioni materiali: perché non escogitate qualche altro bell'oggettino, come quel vostro compasso proporzionale? Con quello (*conta sulla punta delle dita*) anche chi era affatto digiuno di matematica, poteva tracciare delle linee, calcolare gl'interessi composti dei capitali, riprodurre in grande o piccola scala le piante degli immobili e determinare il peso delle palle da cannone.

GALILEO Una stupidaggine.

PRIULI Una cosa che ha entusiasmato, che ha fatto rimanere a bocca aperta i massimi esponenti della Signoria, e che vi ha fruttato del buon denaro, la chiamate una stupidaggine! Perfino il generale Stefano Gritti, m'han detto, con quell'ordigno è capace di estrarre le radici quadrate!

GALILEO Uno strumento magico, in verità!... Ma, malgrado tutto, Priuli, m'avete fatto riflettere. Forse ho qualcosa per voi, caro Priuli, qualcosa del genere di cui mi state parlando. (*Prende il foglio con lo schizzo delle lenti*).

PRIULI Ah sí? Questo risolverebbe la situazione. (*Si alza*) Galilei, noi lo sappiamo che siete un grand'uomo. Grande ma scontento, se mi consentite di dirvelo.

GALILEO Sí, sono scontento, ed è proprio per questo che dovreste pagarmi, se aveste un briciolo di cervello! Perché sono scontento di me. E invece fate di tutto perché sia scontento di voi. Io ci prendo gusto, lo confesso, cari nobiluomini veneziani, a far mirabilia nel vostro famoso Arsenale, nei cantieri, nelle fonderie d'armi. Ma voi non mi lasciate il tempo di tener dietro alle speculazioni che in quei luoghi mi si affollano alla mente e che sono di grande portata per il mio campo di studi. Voi legate il muso al bue che trebbia. Ho quarantasei anni e non ho ancora portato a termine nulla che mi dia soddisfazione.

PRIULI   Vi levo il disturbo.

GALILEO   Grazie. (*Priuli esce*).

> Galileo resta solo per qualche istante e comincia a lavorare. Entra correndo Andrea.

GALILEO (*continuando il lavoro*)   Perché non hai mangiato la mela?

ANDREA   Perché mi serve per quella là, per dimostrarle che gira.

GALILEO   Andrea, stammi a sentire: non parlare ad altri delle nostre idee.

ANDREA   Perché?

GALILEO   Le autorità le hanno proibite.

ANDREA   Ma se è la verità!

GALILEO   Sí, ma loro la proibiscono. E poi c'è un'altra complicazione: noi fisici non possiamo ancora dimostrare che le nostre idee sono giuste. La stessa dottrina del grande Copernico non è ancora dimostrata; è soltanto un'ipotesi. Dammi le lenti.

ANDREA   Il mezzo scudo non è bastato. Ho dovuto lasciare in pegno il mio mantello.

GALILEO   Come farai senza mantello, quest'inverno?

> Pausa. Galileo colloca le lenti sul foglio, secondo lo schizzo.

ANDREA   Che cos'è un'ipotesi?

GALILEO   È quando si ritiene probabile una cosa, ma non si dispone di prove di fatto. Che la Felice (la vedi lí sotto, davanti alla bottega del cestaro?) mentre si tiene il bambino al seno, gli dia il latte senza riceverne da lui, questa è un'ipotesi, finché non si può andar lí a vederlo e a provarlo. Dinanzi alle costellazioni, noi siamo dei vermi dalla vista annebbiata, che riescono appena a distinguere. Le vecchie dottrine, quelle che valgono da millenni, cadono in rovina: sono costruzioni gigantesche, ma contengono meno legname dei puntelli destinati a tenerle in piedi. Molte leggi, ma che spiegano ben poco: mentre la nuova ipotesi ha poche leggi che spiegano molto.

ANDREA   Ma voi, a me, avete provato tutto.

GALILEO   No, solo che potrebbe essere cosí. Capisci, è un'ipotesi bellissima, e non c'è niente che possa contraddirla.

ANDREA   Vorrei fare anch'io il fisico, signor Galileo.

GALILEO   Lo credo bene, data l'enorme quantità di problemi che restano da chiarire nel nostro campo. (*È andato alla finestra e con grande interesse ha guardato attraverso le lenti*) Guarda un po' qui dentro, Andrea!

ANDREA   Madonna Santa! S'avvicina tutto. Guarda la campana del campanile, com'è vicina! Leggo persino le lettere di rame: *Gratia Dei*.

GALILEO   Cinquecento scudi piovuti dal cielo.

II.

Galileo Galilei consegna alla Repubblica Veneta una sua nuova invenzione.

Non tutto ciò che fa un grand'uomo, è grande
e a Galilei piaceva mangiar bene.
Udite ora, ma senza indignarvi,
la verità sul telescopio.

L'Arsenale di Venezia, presso il porto.

I Consiglieri della Signoria, col Doge alla testa. Da un lato l'amico di Galileo, Sagredo, accanto alla quindicenne Virginia Galilei: questa regge un cuscino di velluto sul quale è posato un telescopio lungo circa 60 centimetri, avvolto in un fodero di cuoio color cremisi. Su una tribuna, Galilei. Dietro di lui, il treppiede del telescopio, cui attende l'affilatore di lenti Federzoni.

GALILEO   Eccellenze, venerabile Signoria! Nella mia qualità di docente di matematiche presso lo Studio di Padova e di rettore di questo vostro Grande Arsenale in Venezia, ho sempre tenuto per mio dovere, non solo di adempiere agli alti compiti dell'insegnamento, ma anche di giovare alla Veneta Repubblica con vantaggiose invenzioni. Con profonda gioia e in tutta umiltà, ho oggi l'onore di presentarvi e di consegnarvi il mio nuovo cannone ottico o telescopio, da me costruito nel vostro famosissimo Arsenale in ossequio ai sommi principî scientifici e cristiani, risultato di diciassette anni di pazienti ricerche eseguite dal vostro devotissimo servitore. (*Scende dalla tribuna e va a mettersi a fianco di Sagredo, ringraziando degli applausi. Sottovoce a Sagredo*) Quanto tempo sprecato!

SAGREDO (*sottovoce*)   Cosí potrai pagare il macellaio, vecchio mio.

GALILEO   Sí. E loro ci faranno quattrini. (*Nuovi inchini*).
PRIULI (*sale sulla tribuna*)   Eccellenze, venerabile Signoria! Ancora una volta il grande libro delle arti vede una
delle sue pagine piú gloriose coprirsi di caratteri vene-
ti. (*Applausi di cortesia*). Un dotto di fama mondiale
consegna a voi, ed a voi soli, questo smerciabilissimo
arnese, perché lo fabbrichiate e lo gettiate sui mercati a
vostro piacimento. (*Applausi piú nutriti*). E avete riflet-
tuto, signori, che questo strumento ci permetterà, in
guerra, di conoscere il numero e i tipi delle navi nemi-
che ben due ore prima che il nemico avvisti le nostre,
cosicché noi, sapendo la sua forza, potremo decidere se
inseguirlo, dargli battaglia o fuggire? (*Applausi molto
energici*). E ora, Eccellenze, venerabile Signoria, il signor Galileo Galilei vi prega di accettare questo strumento di sua invenzione, questo attestato della sua in-
gegnosità, dalle mani della sua vezzosa figliuola.

Musica. Virginia avanza, fa una riverenza, porge il telescopio a
Priuli che lo cede a Federzoni. Questi lo colloca sul treppiede e
ve lo assicura. Il Doge e i Consiglieri salgono sul podio e traguar-
dano.

GALILEO (*sottovoce*)   Non ti garantisco di resistere fino in
fondo a questa carnevalata. Costoro credono che si trat-
ti solo di una macchinetta per far quattrini: ma è ben
piú di questo. Stanotte, l'ho puntato sulla luna.
SAGREDO   E cos'hai visto?
GALILEO   Che non ha luce propria.
SAGREDO   Eh?
CONSIGLIERI   Signor Galileo! Si può vedere il forte di
Santa Rosita! – Su quella barca laggiú stanno pranzan-
do. Pesce arrosto. Mi sento venire appetito.
GALILEO   Sai che ti dico? Da mille anni l'astronomia è fer-
ma perché non ha posseduto il telescopio!
UN CONSIGLIERE   Signor Galileo!
SAGREDO   Ti stanno parlando.
CONSIGLIERE   Ci si vede anche troppo bene, con quest'ag-
geggio. Bisognerà che dica alle mie donne di non far piú
il bagno sull'altana.

GALILEO   Sai di che è fatta la Via Lattea?
SAGREDO   No.
GALILEO   Io sí.
CONSIGLIERE   Per un affare cosí, signor Galileo, dieci scudi è il meno che si possa chiedere.

Galileo s'inchina.

VIRGINIA (*guida Ludovico verso suo padre*)   Babbo, c'è Ludovico che vuol farti i suoi complimenti.
LUDOVICO (*imbarazzato*)   Complimenti, signore.
GALILEO   L'ho perfezionato.
LUDOVICO   Sí, signore, ho visto. Gli avete fatto un fodero rosso. In Olanda era verde.
GALILEO (*volgendosi a Sagredo*)   Mi sto perfino domandando se con quest'arnese non potrei provare la fondatezza di una certa dottrina.
SAGREDO   Datti un po' di contegno!
PRIULI   Galilei, ora i vostri cinquecento scudi non ve li toglie piú nessuno.
GALILEO (*senza badargli*)   Naturalmente, mi guardo bene dal trarre conclusioni troppo affrettate.

Il Doge – un uomo grasso dall'aspetto modesto – si è avvicinato a Galileo e, con goffa gravità, si sforza di potergli parlare.

PRIULI   Signor Galilei: sua Eccellenza il Doge.

Il Doge stringe la mano a Galileo.

GALILEO   Giusto, i cinquecento scudi! Soddisfatto, Eccellenza?
DOGE   Peccato che la nostra Repubblica debba sempre cercare pretesti da fornire ai suoi notabili, per poter compensare in qualche modo i nostri sapienti!
PRIULI   Già, ma altrimenti mancherebbe l'incentivo: non è vero, signor Galilei?
DOGE (*sorridendo*)   Abbiamo bisogno di un pretesto.

Il Doge e Priuli conducono Galileo verso i Consiglieri, che lo attorniano. Virginia e Ludovico si allontanano lentamente.

VIRGINIA   Ho figurato bene?
LUDOVICO   Mi è parso di sí.

VIRGINIA   Ma che cos'hai?

LUDOVICO   Oh, niente. Forse un fodero verde andava bene lo stesso.

VIRGINIA   Penso che tutti siano rimasti contenti di quello
che ha fatto il babbo.

LUDOVICO   Io, invece, penso che comincio a capire qualcosa della scienza.

III.

10 gennaio 1610: Galileo, servendosi del telescopio, scopre fenomeni celesti che confermano il sistema copernicano. Ammonito dal suo amico delle possibili conseguenze di tali scoperte, Galileo afferma la sua fede nella ragione umana.

Milleseicentodieci, ai dieci di gennaio
Galilei vide che il cielo non c'era.

Stanza di lavoro di Galileo a Padova.

È notte. Galileo e Sagredo, avvolti in pesanti mantelli, sono al telescopio.

SAGREDO (*traguardando, a mezza voce*) Il bordo esterno della falce è tutto seghettato, irregolare, scabro. Sulla parte buia, vicino alla fascia chiara, si vedono dei punti luminosi. Uno dopo l'altro, emergono dall'oscurità. Da quei punti s'irradia la luce, invadendo zone sempre piú vaste, che vanno a confluire nel resto della parte chiara.

GALILEO Come spieghi quei punti luminosi?

SAGREDO Non può essere.

GALILEO Come, non può essere? Sono montagne.

SAGREDO Montagne su un astro?

GALILEO Montagne altissime. E le loro cime ricevono i primi raggi del sole nascente, mentre le pendici sono ancora nell'oscurità. Tu vedi la luce del sole scendere man mano dalle cime verso le vallate.

SAGREDO Ma questo contraddice a tutti gli insegnamenti d'astronomia da duemila anni in qua.

GALILEO Sí. Quello che hai visto ora, non è mai stato visto da nessuno all'infuori di me. Tu sei il secondo.

SAGREDO Ma la luna non può essere una terra con monti

e valli come la nostra, allo stesso modo che la terra non può essere una luna.

GALILEO   La luna può essere una terra con monti e valli, e la terra può essere una luna. Un qualunque corpo celeste, uno tra migliaia. Guarda ancora. La parte in oscurità, la vedi proprio tutta buia?

SAGREDO   No. Adesso che la guardo con attenzione, vedo che è soffusa di un lieve chiarore grigiastro.

GALILEO   E che luce può essere?

SAGREDO   ?

GALILEO   La luce della terra.

SAGREDO   È assurdo! Come può mandar luce la terra, con le sue montagne e i boschi e le acque? La terra, un corpo freddo!

GALILEO   Allo stesso modo che manda luce la luna. Perché tutt'e due sono astri illuminati dal sole: per questo risplendono. Cosí come la luna appare a noi, noi appariamo alla luna. Dalla luna, la terra si vede a volte in forma di falce, a volte di emisfero, a volte di sfera intera, e a volte, infine, non si vede affatto.

SAGREDO   Dunque, fra la terra e la luna non ci sarebbe alcuna differenza?

GALILEO   Evidentemente no.

SAGREDO   Meno di dieci anni fa, a Roma, un uomo salí sul rogo. Si chiamava Giordano Bruno ed aveva affermato esattamente la stessa cosa.

GALILEO   Certo. E noi ora lo vediamo. Non staccare l'occhio dal telescopio, Sagredo. Quello che stai vedendo, è che non esiste differenza tra il cielo e la terra. Oggi, 10 gennaio 1610, l'umanità scrive nel suo diario: abolito il cielo!

SAGREDO   È spaventoso.

GALILEO   Ho fatto un'altra scoperta, forse ancor piú strabiliante.

SIGNORA SARTI (*entra*)   Il signor procuratore.

Entra il procuratore Priuli, tutto affannato.

PRIULI   Scusate l'ora tarda. Vi sarei obbligato di potervi parlare a quattr'occhi.

GALILEO   Il signor Sagredo può ascoltare tutto quello che
io ascolto, signor Priuli.

PRIULI   Ma forse a voi non farà molto piacere che questo
signore sappia quello che è accaduto. Una cosa, purtroppo, davvero incredibile.

GALILEO   Oh, per quello, il signor Sagredo è abituato a
vedere e a sentire cose incredibili, in mia presenza!

PRIULI   Ho paura, ho paura... (*Additando il telescopio*)
Ah, eccolo qui, il vostro famoso aggeggio! Potete but-
tarlo via anche subito. Non val nulla, assolutamente
nulla!

SAGREDO (*che frattanto è andato su e giú, inquieto, per la
stanza*)   In che senso?

PRIULI   Volete saperlo? Cotesta vostra scoperta, il vostro
tanto decantato frutto di diciassette anni di ricerche, si
può acquistare per pochi soldi in tutta Italia, a qualunque angolo di strada! Fabbricato in Olanda, per l'esat-
tezza! In questo stesso momento una nave olandese sta
scaricando al porto una partita di cinquecento telescopi!

GALILEO   Davvero?

PRIULI   Trovo incredibile la vostra calma, signor Galilei.

SAGREDO   Ma di che vi preoccupate, insomma? Lasciate
che prima vi diciamo che questo strumento ha consentito al signor Galileo di compiere scoperte che sconvolge-
ranno le nostre teorie sull'universo.

GALILEO (*ridendo*)   Guardate pure anche voi, Priuli.

PRIULI   Lasciate allora voi che vi dica una cosa: a me basta la scoperta che ho fatto io col procurare a questa
canaglia di messere il raddoppio della paga. E se i Consiglieri della Signoria, nella loro ingenua fiducia di aver
assicurato alla Repubblica un oggetto che poteva essere
prodotto solo qui, la prima volta che vi han guardato
dentro, non han visto un merciaiolo ingrandito sette
volte che vendeva per una miseria gli stessi identici tubi
all'angolo accanto, ebbene, si è trattato di mera fortuna!

Galileo ride di cuore.

SAGREDO   Stimatissimo signor Priuli, forse io non sono in

grado di giudicare il valore commerciale di questo strumento; ma il suo valore per la filosofia è talmente smisurato che...

PRIULI   Per la filosofia! E cos'ha da spartire un matematico come il signor Galilei con la filosofia? Signor Galilei, un tempo voi forniste alla Repubblica un'eccellente
pompa idraulica; l'impianto d'irrigazione costruito sul
vostro progetto funziona bene; le fabbriche tessili non
fanno che lodare la vostra macchina, e come potevo, io,
aspettarmi un tiro simile?

GALILEO   Piano, Priuli, piano. Le rotte marine sono ancora lunghe, malsicure e dispendiose, perché in cielo manca qualcosa come un orologio di cui fidarsi, un segnavia
per la navigazione. Ebbene, ho motivo di credere che
col telescopio si possano vedere bene certe costellazioni
che si muovono in maniera molto regolare. Con nuove
carte astronomiche, Priuli, la marina forse risparmierà
milioni di scudi.

PRIULI   Basta, basta. Vi ho già ascoltato anche troppo.
Come ringraziamento per la cortesia che vi ho usata, mi
avete reso lo zimbello di tutta la città. Passerò alla storia come il procuratore che si è fatto turlupinare da un
tubo senza valore. Ridete pure, mio caro: i vostri cinquecento scudi, li avete intascati. Io però vi dico, e ve
lo dico da uomo sincero qual sono: questo mondo mi
nausea! (*Esce sbattendo l'uscio*).

GALILEO   Quando si arrabbia, diventa quasi simpatico.
Hai sentito? Un mondo dove non si possano fare affari,
lo nausea!

SAGREDO   Ne sapevi qualcosa, tu, di quegli strumenti o-
landesi?

GALILEO   Per sentito dire. Ma quello che ho costruito per
quei taccagni della Signoria era due volte meglio. Come
posso lavorare, se ho sempre gli esattori alla porta? E
Virginia ha realmente bisogno di aver presto una dote,
non è un'aquila, poverina. E poi, mi piace comprar libri,
e non solo libri di fisica; e mi piace mangiar bene. Di solito, è quando mangio bene che mi vengono le buone
idee. Un'epoca corrotta, eh! Mi pagano meno di quel

che pagherebbero il carrettiere che gli trasporta le botti
di vino. Per due lezioni di matematica, quattro fascine
di legna. Ora ce l'ho fatta a strappare quei cinquecento
scudi, ma sono ancora pieno di debiti, alcuni vecchi di
vent'anni. Cinque anni di tranquillità per le mie ricerche: mi sarebbero bastati per tutte le dimostrazioni!...
Ora ti faccio vedere altre cose.

SAGREDO (*esita a mettersi al telescopio*)   Mi sento un non
so che di simile alla paura, Galileo.

GALILEO   Ora ti mostrerò una nebulosa della Via Lattea:
ha uno splendore biancastro, come il latte, appunto.
Dimmi un po': di che è composta?

SAGREDO   Sono stelle: innumerevoli.

GALILEO   Nella sola costellazione di Orione vi sono cinquecento stelle fisse. Sono i molti, gl'infiniti altri mondi,
gli astri lontanissimi, di cui parlava quel condannato al
rogo. E lui non li aveva visti, solo presentiti!

SAGREDO   Ma, ammesso pure che la nostra terra sia una
stella, c'è ancora un'enorme distanza da quello che dice
Copernico, e cioè che ruoti intorno al sole. Non c'è nessun astro, in cielo, intorno a cui ne ruotino altri; mentre intorno alla terra ruota pur sempre la luna.

GALILEO   È quel che mi domando, Sagredo. Da ier l'altro
me lo domando. Ecco Giove. (*Punta il telescopio*) Vicino a lui ci sono quattro stelle minori, visibili solo con
l'occhiale. Le vidi lunedí, ma non feci molto caso alla
loro posizione. Le rividi ieri, e avrei giurato che s'eran
mosse, tutt'e quattro. Ne ho preso nota... Ecco, si sono
mosse ancora! Ma come! Ne avevo pur viste quattro!
(*Spostandosi*) Guarda tu!

SAGREDO   Ne vedo tre.

GALILEO   E la quarta? Prendiamo le tavole. Dobbiamo
calcolare i movimenti che hanno potuto compiere.

Si siedono tutti infervorati al lavoro. La scena si oscura, ma all'o-
rizzonte si continua a vedere Giove e i suoi satelliti. Quando torna la luce, i due sono sempre seduti, avvolti nei pesanti mantelli.

GALILEO   È dimostrato. La quarta non può che trovarsi

dietro Giove, dove noi non possiamo vederla. Ed eccoti un astro intorno al quale ne ruota un altro.

SAGREDO   Ma, e la calotta di cristallo su cui è fissato Giove?

GALILEO   Già, dove va a finire? Come può Giove essere una stella fissa, se altre stelle gli ruotano attorno? Non ci sono sostegni nel cielo, non c'è nulla che stia fermo nell'universo! C'è un altro sole, piuttosto!

SAGREDO   Calmati. Pensi troppo in fretta.

GALILEO   Macché in fretta! Sveglia, amico! Quello che vedi tu, non l'ha ancora visto nessuno. Avevano ragione!

SAGREDO   Chi? I copernicani?

GALILEO   E anche l'altro! Tutto il mondo era contro di loro, e loro avevano ragione. Questa sí che piacerà ad Andrea! (*Fuori di sé, corre alla porta e grida verso l'esterno*) Signora Sarti! Signora Sarti!

SAGREDO   Ora calmati, Galileo!

GALILEO   Ora svegliati, Sagredo! Signora Sarti!

SAGREDO (*scostando il telescopio*)   Vuoi smetterla di strillare come un ossesso?

GALILEO   E tu, vuoi smetterla di startene lí come un citrullo, quando abbiamo scoperto la verità?

SAGREDO   Non sto affatto qui come un citrullo: semplicemente, il pensiero che possa essere la verità, mi fa tremare.

GALILEO   Che?

SAGREDO   Hai proprio perso ogni barlume di raziocinio? Davvero non ti rendi conto dei guai in cui ti cacci, se quello che hai visto è vero? Se ti metti a gridare sulle pubbliche piazze che la terra è una stella e non il centro del creato?

GALILEO   Sí, e che l'intero, smisurato universo con le sue stelle non gira affatto intorno alla nostra minuscola terra, come tutti hanno potuto credere!

SAGREDO   E dunque, che esistono solo delle stelle? Dov'è Dio, allora?

GALILEO   Che vuoi dire?

SAGREDO   Dio! Dov'è Dio?

GALILEO   Lassú, no! Allo stesso modo che non sarebbe
    quaggiú sulla terra, se gli abitanti di lassú venissero qui
    a cercarlo!
SAGREDO   E allora dov'è?
GALILEO   Io non sono un teologo! Sono un matematico.
SAGREDO   Tu sei un essere umano, prima di tutto. E io ti
    domando: dov'è Dio, nel tuo sistema dell'universo?
GALILEO   In noi, o in nessun luogo!
SAGREDO (*grida*)   Come ha detto il condannato al rogo?
GALILEÒ   Come ha detto il condannato al rogo!
SAGREDO   Ma proprio per questa ragione l'hanno brucia-
    to! Nemmeno dieci anni fa!
GALILEO   Perché non è riuscito a darne le prove! Perché
    lo ha solo affermato! Signora Sarti! Signora Sarti!
SAGREDO   Galileo, ti ho sempre conosciuto per uomo as-
    sennato. Pazientemente, a centinaia di scolari, per di-
    ciassette anni a Padova e per tre a Pisa, hai insegnato il
    sistema tolemaico, proclamato dalla Chiesa, conferma-
    to dalle Sacre Scritture su cui poggia la Chiesa. Lo hai
    ritenuto erroneo, concordando con Copernico: però lo
    hai insegnato.
GALILEO   Perché non potevo dare nessuna prova.
SAGREDO   E credi che questo basti a far cambiare le cose?
GALILEO   Totalmente, cambiano! Guarda qui dentro, Sa-
    gredo! Io credo nell'uomo, e questo vuol dire che credo
    alla sua ragione! Se non avessi questa fede, la mattina
    non mi sentirei la forza di levarmi dal letto.
SAGREDO   Allora stammi a sentire: io non ci credo. In
    quarant'anni di esistenza tra gli uomini, non ho fatto
    che constatare come siano refrattari alla ragione. Mo-
    stragli il pennacchio fulvo di una cometa, riempili di in-
    spiegabili paure, e li vedrai correre fuori dalle loro case
    a tale velocità da rompersi le gambe. Ma digli una frase
    ragionevole, appoggiala con sette argomenti, e ti ride-
    ranno sul muso.
GALILEO   Non è vero. È una calunnia. Non capisco come
    tu possa amare la scienza, se sei convinto di questo. Solo
    i morti non si lasciano smuovere da un argomento va-
    lido!

SAGREDO   Ma come puoi confondere la loro miserabile furbizia con la ragione!

GALILEO   Non parlo della loro furbizia. Lo so: dicono che un asino è un cavallo quando vogliono venderlo, e che un cavallo è un asino quando vogliono comprarlo. E questo per la furbizia! Ma la vecchia donna che, la sera prima del viaggio, pone con la sua mano rozza un fascio di fieno in più davanti al mulo; il navigante che, acquistando le provviste, pensa alle bonacce e alle tempeste; il bambino che si ficca in testa il berretto quando lo hanno convinto che pioverà, tutti costoro sono la mia speranza: perché tutti credono al valore degli argomenti. Sí: io credo alla dolce violenza che la ragione usa agli uomini. A lungo andare, non le sanno resistere. Non c'è uomo che possa starsene inerte a guardarmi, quando io (*prende in mano un sasso e lo lascia cadere a terra*) lascio cadere un sasso e dico: questo sasso non cade. Non c'è essere umano in grado di far questo. Troppo grande è il potere di seduzione che emana dalla prova pratica; i più cedono subito, e alla lunga tutti. Il pensare è uno dei massimi piaceri concessi al genere umano.

SIGNORA SARTI   (*entrando*)   Vi occorre qualcosa, signor Galileo?

GALILEO   (*che è tornato al telescopio e sta prendendo annotazioni; in tono molto calmo*)   Sí: ho bisogno di Andrea.

SIGNORA SARTI   Andrea? È a letto che dorme.

GALILEO   Non potete svegliarlo?

SIGNORA SARTI   Ma perché avete bisogno di lui?

GALILEO   Voglio mostrargli una cosa che gli farà piacere. Una cosa che, da che mondo è mondo, nessuno all'infuori di noi ha ancora visto.

SIGNORA SARTI   Sempre con quel vostro telescopio?

GALILEO   Sí, col mio telescopio, signora Sarti.

SIGNORA SARTI   E perché dovrei svegliarlo quando è ancora notte? Ma siete impazzito? Deve dormire! Non ci penso nemmeno, a svegliarlo.

GALILEO   Proprio no?

SIGNORA SARTI   Proprio no.

GALILEO   Be', signora Sarti, forse potete aiutarmi voi.
   Sentite: stiamo discutendo, e non riusciamo a trovarci
   d'accordo su un punto: probabilmente perché abbiam
   letto troppi libri. È una questione che riguarda il cielo,
   una questione di stelle. E cioè: si deve credere che sia la
   stella piú grande a girare attorno alla piú piccola, oppure la piú piccola intorno alla piú grande?
SIGNORA SARTI (*diffidente*)   Con voi, signor Galileo, non
   si sa mai dove si va a finire. È una domanda seria, o volete prendermi in giro come al solito?
GALILEO   È una domanda seria.
SIGNORA SARTI   Allora non mi è difficile rispondere. Sono
   io che vi porto il pranzo, o voi che lo portate a me?
GALILEO   Voi che lo portate a me. Ieri sapeva di brucia-
   ticcio.
SIGNORA SARTI   E perché si era bruciato? Perché, mentre
   lo cuocevo, ho dovuto portarvi le scarpe. Vi ho portato
   le scarpe, sí o no?
GALILEO   È probabile.
SIGNORA SARTI   Dal momento che siete voi quello che ha
   studiato e che può pagarmi.
GALILEO   Capisco. Capisco che non c'è proprio nessun
   problema. Arrivederci, signora Sarti. (*La signora Sarti,
   rincuorata, se ne va*). E gente come questa non dovrebbe comprendere la verità? Ma se fanno balzi per affer-
   rarla!

   Tintinnio di una campanella che annuncia la messa mattutina. Entra Virginia, con indosso il mantello e tenendo in mano un lume
   che un globo di vetro ripara dal vento.

VIRGINIA   Buongiorno, babbo.
GALILEO   Già alzata a quest'ora? Perché?
VIRGINIA   Vado a messa con la signora Sarti. Viene anche
   Ludovico. Com'è stata la notte, babbo?
GALILEO   Chiara.
VIRGINIA   Posso guardarci dentro?
GALILEO   Perché? (*Virginia non sa che rispondere*). Non è
   un balocco.
VIRGINIA   No, babbo.

GALILEO   Del resto, questo occhiale non è proprio niente
di che. Tra poco ne sentirai parlare dappertutto, li ven-
deranno a tre scudi l'uno per le vie. L'avevano già inventato in Olanda.

VIRGINIA   Non ti è servito a vedere cose nuove in cielo?

GALILEO   Niente che t'interessi. Qualche macchiolina scu-
ra sulla sinistra di una grande stella. Bisognerà che trovi
il modo di attirarci su l'attenzione della gente. (*Rivol-
gendosi a Sagredo*) Se le chiamassi « stelle medicee » in
onore del Granduca di Firenze? (*Di nuovo alla figlia*)
A proposito, Virginia, può darsi che ci trasferiamo a Firenze. Ho scritto a Sua Altezza, chiedendogli se non vor-
rebbe nominarmi matematico di Corte.

VIRGINIA (*raggiante di gioia*)   A Corte!

SAGREDO   Galileo!

GALILEO   Mio caro, ho bisogno di tempo libero. Ho bisogno di poter trovare le prove. E voglio la marmitta piena! In quell'ufficio, non avrò bisogno di rifriggere il sistema tolemaico agli scolari privati: avrò tempo, tempo,
tempo! di elaborare le mie prove: perché quello che son
riuscito a fare finora, non basta. Non val nulla, è un
moncone miserevole, roba con cui non posso presentar-
mi davanti al mondo! Neanche una prova ho ancora in
mano, che ci sia qualche corpo celeste che ruoti intorno
al sole. Ma io le darò, queste prove: prove tali da con-
vincere tutti, dalla signora Sarti al Papa. Quello che temo, piuttosto, è che il Granduca finisca a non accet-
tarmi.

VIRGINIA   Ti accetterà, babbo, ti accetterà: con le nuove
stelle e tutto il resto.

GALILEO   Tu va' a messa, ora. (*Virginia esce*). Non sono
avvezzo a scrivere ai grandi personaggi. (*Porge una lettera a Sagredo*) Ti pare che questa lettera vada bene?

SAGREDO (*leggendo ad alta voce l'ultima parte della lettera*)   « ... di null'altro desideroso che di scaldarmi ai raggi di quel nascente sole da cui la nostra epoca riceverà
luce... » Ma se il Duca di Firenze ha appena nove anni!

GALILEO   Appunto. Dici che è troppo ossequiosa? Io, invece, temo che non lo sia abbastanza, che sia anzi trop-

po formale, quasi che volessi tenermi un po' sulle mie. Una lettera contegnosa, potrebbe scriverla chiunque si fosse conquistato dei buoni titoli come dimostratore di Aristotele: non io. Uno come me, se vuole trovare un impiego appena decente, ha da strisciare come un verme. E tu sai che io disprezzo coloro il cui cervello non è capace di riempire lo stomaco.

La signora Sarti e Virginia passano davanti ai due uomini ed escono per la messa.

SAGREDO   Galileo non andare a Firenze.
GALILEO   Perché?
SAGREDO   Perché lí comandano i frati.
GALILEO   Alla corte fiorentina ci sono dei sapienti di fama.
SAGREDO   Dei servi, non dei sapienti!
GALILEO   Li agguanterò per il collarino e li pianterò davanti al mio telescopio. Anch'essi soggiacciono alla seduzione delle prove. Copernico, non dimenticarlo, voleva che credessero alle sue cifre: io chiederò loro soltanto di credere ai loro occhi. La verità, quando è troppo debole per difendersi, deve passare all'attacco. Li prenderò per il collarino e li costringerò a guardare qua dentro!
SAGREDO   Galileo, ti vedo camminare su una terribile strada. È una notte di sventura, quella in cui l'uomo vede la verità; è un'ora di accecamento, quella in cui crede il genere umano capace di ragionare. Di chi si dice che procede a occhi sbarrati? Di chi corre alla sua rovina! Credi che i potenti lascerebbero mai andar libero uno che conosce la verità, fosse pure in merito a stelle infinitamente lontane? Pensi che il Papa senta la tua verità, quando tu affermi che lui sbaglia, e non senta che è lui che sbaglia? Ti aspetti di vederlo scrivere tranquillamente nel suo diario: « Oggi, 10 gennaio 1610, abolito il cielo »?.Come puoi pensare ad andartene dalla Repubblica, con in tasca la tua verità, con in mano il tuo occhiale, verso le trappole dei principi e dei frati? Finché si tratta della tua scienza, sei pieno di dubbi, ma basta che qualcosa ti sembri tale da agevolartene la pratica, diventi credulo come un bambino. Ad Aristotele non

credi, al Granduca di Firenze sí! Poco fa, mentre al telescopio stavi a guardare le nuove stelle, mi è parso di
vederti ritto sulle legna in fiamme; e quando hai detto
che credevi all'efficacia delle prove, ho sentito puzzo di
carne bruciata. Io amo la scienza, ma piú ancora amo te,
amico mio. Non andare a Firenze, Galileo!

GALILEO   Se mi pigliano, ci vado.

Davanti a un sipario appare l'ultima pagina della lettera:

Se alle nuove stelle da me scoperte do il nome egregio
della Casa de' Medici, non isfugge certo alla mia mente
che, se divinità ed eroi conseguiron gloria per esser ele-
vati tra gli astri, in questo caso al contrario sarà l'egregio nome de' Medici che a quelle stelle assicurerà imperitura memoria; mentre io al vostro ricordo mi rac-
comando come un de' piú fedeli e devoti servitori di
Vostra Altezza, che ascrive a suo sommo onore l'esser
nato de' suoi sudditi. E nessun desiderio ho maggiore
che di poter stare piú vicino all'Altezza Vostra, il nascente sole da cui la nostra epoca riceverà luce.

                                          GALILEO GALILEI

IV.

Galileo ha lasciato la Repubblica di Venezia per la Corte medicea, i cui sapienti accolgono con incredulità le sue scoperte al telescopio.

Dice il vecchio: dai tempi dei tempi son cosí.
Dice il nuovo: se non sei buono, vattene via.

Casa di Galileo a Firenze.

Nella stanza da lavoro di Galileo, la signora Sarti sta facendo i preparativi di un ricevimento. Suo figlio Andrea, seduto al tavolo, riordina delle carte astronomiche.

SIGNORA SARTI   Da quando siamo felicemente arrivati a questa tanto decantata Firenze, non si vede altro che salamelecchi e sviolinate. Tutta la città sfila davanti al famoso occhiale, e io, poi, ho voglia a pulire i pavimenti! Se queste scoperte fossero di qualche importanza, i primi a saperlo sarebbero i reverendi Padri. Quattr'anni son rimasta a servizio da Monsignor Filippi, e mai che sia riuscita a spolverargli tutt'intera la biblioteca! Volumoni fino al soffitto, e mica libriccini di poesie! E quel bravo monsignore, a furia di star seduto davanti a tanta scienza, s'era buscato due libbre di ascesso sul sedere, e vuoi che un uomo cosí non sappia il fatto suo? Anche oggi, con questi visitatori, faremo una tal figura, che domani non avrò nemmeno il coraggio di guardare in faccia il lattaio. Sapevo quel che dicevo, io, quando gli raccomandavo di preparare a quei signori, prima di tutto, una buona cenetta: di metterli davanti a un bel piatto d'abbacchio, prima che cominciassero a sbirciare dal tubo. Ma sí! (*Imitando Galileo*) «Ho pronto ben altro, per loro! » (*Si sente bussare a pianterreno. Guardando dallo spioncino della finestra*) Santo cielo! C'è di già il Granduca! E lui è ancora all'università! (*Corre giú per la scala ed apre la porta*).

Entra il Granduca di Toscana, Cosimo de' Medici, seguito dal ciambellano e da due dame di Corte.

COSIMO   Voglio vedere l'occhiale.

CIAMBELLANO   Vostra Altezza dovrà pazientare fino all'arrivo del signor Galilei e degli altri dottori dell'università. (*Alla signora Sarti*) Il signor Galilei desiderava mostrare ai signori astronomi le stelle da lui recentemente scoperte, dette medicee.

COSIMO   Loro non ci credono all'occhiale, non ne vogliono sapere. Dov'è?

SIGNORA SARTI   Di sopra, nella stanza da lavoro.

Il ragazzo, ammiccando, accenna alla scala, e al cenno d'assenso della signora Sarti, sale di corsa.

CIAMBELLANO (*è un uomo molto anziano*)   Altezza! (*Alla signora Sarti*) Devo salire anch'io. Sono venuto ad accompagnarlo solo perché il precettore è ammalato.

SIGNORA SARTI   Non può succedergli nulla, a Sua Altezza. C'è di sopra il mio ragazzo.

COSIMO (*entra al piano superiore*)   Buonasera.

I due ragazzi s'inchinano cerimoniosamente l'uno all'altro. Pausa. Poi Andrea si volta e riprende la sua occupazione.

ANDREA (*parlando come il suo maestro*)   Che andirivieni, qui dentro!

COSIMO   Molte visite?

ANDREA   Fanno un baccano indiavolato, guardano come allocchi e non capiscono un accidenti.

COSIMO   Capito. È quello...? (*indica il telescopio*).

ANDREA   Sí, è quello. Ma ci sta scritto non toccare.

COSIMO   E quest'altro, che è? (*indica il modello ligneo del sistema tolemaico*).

ANDREA   È il tolemaico.

COSIMO   Fa vedere come gira il sole, no?

ANDREA   Sí, cosí dicono.

COSIMO (*si siede su una sedia e si prende il modello sulle ginocchia*)   Il mio precettore è raffreddato, perciò son potuto venire prima. Bello, qui.

Andrea inquieto, cammina su e giú a passi indolenti e indecisi, squadrando con diffidenza il piccolo estraneo; alla fine, non reggendo piú alla tentazione, tira fuori, da dietro un mucchio di carte geografiche, un altro modello di legno, che rappresenta il sistema copernicano.

ANDREA   Ma in realtà è cosí, naturalmente.

COSIMO   Cosí, come?

ANDREA (*indica il modello sulle ginocchia di Cosimo*)   Cosí si crede che sia, e (*indicando il suo*) cosí è. La terra gira intorno al sole, capite?

COSIMO   Lo credi davvero?

ANDREA   Assolutamente. Ci sono le prove.

COSIMO   Realmente? Vorrei proprio sapere perché non mi hanno piú lasciato entrare quando c'è il vecchio. Anche ieri sera è venuto a cena.

ANDREA   Pare che non gli credano, eh?

COSIMO   Come? Certo che gli credono.

ANDREA (*di colpo, indicando il modello di Cosimo*)   Ridammelo. Tanto, tu non capisci neanche quello!

COSIMO   Perché li vuoi tutti e due?

ANDREA   Ti ho detto di darmelo. Non è un balocco da bambini.

COSIMO   Te lo ridarò, te lo ridarò. Ma tu, però, potresti essere un po' piú educato.

ANDREA   Sei uno scemo, e piantala coll'educato! Avanti, dammelo, o le buschi.

COSIMO   Giú le mani, di'!

Cominciano a picchiarsi e vanno a rotolare sul pavimento, avviticchiati l'uno all'altro.

ANDREA   T'insegnerò io a toccare i modelli! Arrenditi!

COSIMO   Ecco, si è rotto. Ahi, mi storci la mano!

ANDREA   Ora la vediamo, chi è che ha ragione. Di' subito che la terra gira, o son botte!

COSIMO   Mai! Ohè, brutto rossaccio, t'insegnerò io l'educazione!

ANDREA   A me rossaccio? A me?

> Continuano a lottare silenziosamente. Al pianterreno, entra Galileo insieme con alcuni dottori universitari. Li segue Federzoni.

CIAMBELLANO   Signori, il signor Suri, precettore del Granduca, a causa di una lieve indisposizione non ha potuto accompagnare Sua Altezza in questa visita.

TEOLOGO   Nulla di grave, speriamo.

CIAMBELLANO   Assolutamente nulla.

GALILEO (*deluso*)   Non c'è Sua Altezza?

CIAMBELLANO   Sua Altezza si trova al piano superiore. Prego lor signori di non voler indugiare. Tutta la Corte è ansiosa di conoscere l'opinione degl'incliti docenti universitari sullo stupefacente strumento del signor Galilei e sulle mirabili nuove stelle.

> Salgono. I ragazzi, che hanno sentito rumore dabbasso, smettono la lotta.

COSIMO   Ecco, arrivano. Lasciami andare.

> Si rialzano in fretta.

VISITATORI (*mentre salgono la scala*)   No, no, tutto è in perfetto ordine. – Per quei casi di malattia segnalati nei vecchi quartieri, la facoltà medica esclude che possa trattarsi di peste. I miasmi, con la temperatura attuale, si raffredderebbero. – La peggior cosa, in simili circostanze, è il panico. – Nient'altro che la solita ondata stagionale di flussioni. – Non c'è il minimo motivo di sospetto. – Tutto è in perfetto ordine.

> Arrivano in cima. Convenevoli.

GALILEO   Altezza, sono felice di poter informare, alla vostra presenza, i dottori della vostra università in merito alle mie scoperte.

> Inchini cerimoniosi di Cosimo in tutte le direzioni, Andrea compreso.

TEOLOGO (*vede il modello tolemaico che giace fracassato a terra*)   Si direbbe che qui si sia rotto qualcosa.

Cosimo, chinandosi rapidamente, raccoglie il modello e lo porge cortesemente ad Andrea, mentre Galileo, alla chetichella, toglie di mezzo l'altro modello.

GALILEO (*davanti al telescopio*)   Come certamente è noto a Vostra Altezza, da un po' di tempo noi astronomi incontriamo gravi difficoltà nei nostri calcoli. Essi sono fondati su un sistema molto antico, che è bensí suffragato dalla filosofia, ma, a quel che pare, non lo è altrettanto dai fatti. Secondo questo antico sistema – il tolemaico – i moti che si suppone vengano compiuti dagli astri, risultano assai complicati. Per esempio, il pianeta Venere dovrebbe compiere un moto di questo genere (*disegna su una lavagna l'orbita epiciclica di Venere secondo la teoria tolemaica*). Ma, anche ammettendo cotesti movimenti complicati, noi non siamo in grado di calcolare in anticipo l'esatta posizione degli astri: cioè, non li troviamo mai nei punti dove dovrebbero essere. A questo si aggiunga che, di altri spostamenti, il sistema tolemaico non riesce assolutamente a fornire una spiegazione; tali sono, a mio avviso, i movimenti che compiono alcune piccole stelle ruotanti intorno al pianeta Giove. Se lor signori sono d'accordo, potremmo incominciare con l'osservazione dei satelliti di Giove, le nuove stelle medicee?

ANDREA (*indica lo sgabello davanti al telescopio*)   Sedete qui, prego.

FILOSOFO   Grazie, figliuolo. Ma ho paura che non sia una faccenda tanto semplice. Prima di far uso del vostro celebre occhiale, signor Galilei, gradiremmo la cortesia di una disputa sul tema se questi pianeti possano realmente esistere.

MATEMATICO   Una disputa secondo le regole.

GALILEO   Permettetemi un consiglio: cominciate col dare un'occhiata. Vi convincerete subito.

ANDREA   Qui, prego.

MATEMATICO   Certo, certo... Naturalmente voi sapete che, secondo le teorie degli antichi, è impossibile che esistano stelle ruotanti intorno a un punto centrale diverso dalla terra, nonché stelle mancanti di un sostegno fisso nel cielo?

GALILEO Sí.

FILOSOFO E, a prescindere dalla possibilità che tali stelle esistano, possibilità che il matematico (*s'inchina al matematico*) sembra porre in dubbio, potrei io, nella mia modesta qualità di filosofo, rivolgervi un'altra domanda, e cioè: sono queste stelle necessarie? *Aristotelis divini universum...*

GALILEO Non potremmo parlare la lingua di tutti i giorni? Il mio collega Federzoni non conosce il latino.

FILOSOFO È importante che egli ci capisca?

GALILEO Sí.

FILOSOFO Perdonate. Credevo che fosse il vostro meccanico.

ANDREA Il signor Federzoni, oltre che meccanico, è anche uno scienziato.

FILOSOFO Grazie, figliuolo. Se proprio il signor Federzoni insiste...

GALILEO Sono io che insisto.

FILOSOFO La citazione perderà il suo profumo, ma, dato che siamo in casa vostra... « L'universo del divino Aristotele, con le sue sfere misticamente canore e il moto circolare dei suoi corpi celesti e l'obliquo angolo del corso del sole e i misteri delle tavole dei satelliti e le innumerevoli stelle del catalogo dell'emisfero australe e l'illuminata architettura del corpo celeste, forma una costruzione di sí grande ordine e bellezza, che dovremmo sentirci esitanti al pensiero di turbare tanta armonia ».

GALILEO E che avverrebbe se Vostra Altezza potesse ora osservare quelle stelle impossibili e non necessarie per mezzo di questo occhiale?

MATEMATICO Si potrebbe essere tentati di rispondere che un occhiale che ci mostra cose poco probabili, non può essere che un occhiale poco attendibile, nevvero?

GALILEO Che intendete dire?

MATEMATICO Che sarebbe molto piú utile alla discussione, signor Galilei, se voi ci esponeste gli argomenti da cui siete indotto a supporre che, nella suprema sfera dell'immutabile cielo, possano darsi stelle ruotanti liberamente.

FILOSOFO   Argomenti, signor Galilei: argomenti!

GALILEO   Ma che argomenti? Se per accertarsi del fenomeno basta dare un'occhiata a quelle stelle e ai miei rilievi! Signor mio, questa disputa sta perdendo ogni senso.

MATEMATICO   Se fossi sicuro di non irritarvi ancor più, mi permetterei di affacciare la possibilità che ciò che si vede attraverso l'occhiale sia ben diverso da ciò che è nel cielo.

FILOSOFO   Non ci si potrebbe esprimere con maggior delicatezza.

FEDERZONI   Credono che abbiamo dipinto le stelle medicee sulla lente!

GALILEO   Mi accusate di frode?

FILOSOFO   Ohibò! Come potremmo? In presenza di Sua Altezza!

MATEMATICO   Cotesto vostro strumento, per non chiamarlo vostro figlio, per non chiamarlo, diciamo meglio, il vostro discepolo, indubbiamente è costruito con somma perizia!

FILOSOFO   E siamo convintissimi, signor Galilei, che né voi né alcun altro avrebbe osato fregiare dell'augusto casato granducale stelle la cui esistenza non sia al di sopra di ogni sospetto.

Generali, profondi inchini al Duca.

COSIMO (*guardandosi intorno in cerca delle dame d'onore*) C'è qualcosa che non va, con le mie stelle?

DAMA PIÚ ANZIANA   Tutto è in perfetto ordine, Altezza. Questi signori vogliono solo essere certi che ci siano, che ci siano realmente.

Pausa.

DAMA PIÚ GIOVANE   Con questo occhiale si possono vedere anche tutte le ruote dell'Orsa Maggiore?

FEDERZONI   Certo. E anche tutto del Toro.

GALILEO   Dunque, signori, volete guardare o no?

FILOSOFO   Certamente, certamente.

MATEMATICO   Certamente.

> Pausa. Tutt'a un tratto Andrea si volta e attraversa rigido la stanza nell'intera sua larghezza. Sua madre lo acchiappa per un braccio.

SIGNORA SARTI   Che hai, Andrea?

ANDREA   Sono stupidi. (*Si divincola e fugge via*).

FILOSOFO   Povero figliuolo!

CIAMBELLANO   Altezza, vossignorie, mi permetto di ricordarvi che fra tre quarti d'ora ha inizio il gran ballo a Corte.

MATEMATICO   Insomma, perché tergiversare? Presto o tardi, il signor Galilei dovrà pur venire al sodo. Le sue lune di Giove dovrebbero perforare le calotte di cristallo. Tutto qui.

FEDERZONI   Non vorrete crederlo, ma non ci sono calotte di cristallo.

FILOSOFO   In tutti i libri di scuola sta scritto che ci sono, brav'uomo.

FEDERZONI   Bisognerà cambiare i libri di scuola.

FILOSOFO   Altezza, il mio illustre collega ed io ci fondiamo, niente meno, sull'autorità del divino Aristotele.

GALILEO (*quasi ossequioso*)   Signori, una cosa è credere all'autorità di Aristotele, e un'altra cosa sono i fatti, i fatti che si possono toccar con mano. Voi dite che, stando ad Aristotele, in cielo esistono le calotte di cristallo, e perciò certi movimenti non possono darsi, perché le stelle dovrebbero perforare le calotte. Ma che direste se, quei movimenti, poteste constatarli? Forse arrivereste a concludere che non c'è nessuna calotta. Signori, ve ne prego in tutta umiltà: prestate fede ai vostri occhi!

MATEMATICO   Caro Galilei, ho ancora l'abitudine, anche se possa parervi antiquata, di leggere ogni tanto Aristotele: e, ve ne assicuro, quando lo leggo, credo ai miei occhi!

GALILEO   Sovente mi accade di vedere dottori di ogni facoltà chiudere gli occhi davanti ai fatti e comportarsi come se nulla fosse. Mostro i miei rilievi e si sorride, pon-

go a disposizione il mio telescopio perché ognuno possa
accertarsi, e si cita Aristotele. Lui non ce l'aveva, il telescopio!

MATEMATICO   Oh, no di certo, no di certo!

FILOSOFO (*sussiegoso*)   Se qui ci si propone di trascinare
nel fango Aristotele, l'autorità riconosciuta non solo da
tutta l'antica sapienza, ma anche dai grandi Padri della
Chiesa, ritengo superfluo continuare la discussione. Non
mi presto a dispute prive di scopo concreto. Ho detto.

GALILEO   La verità è figlia del tempo e non dell'autorità.
La nostra ignoranza è infinita: diminuiamola almeno di
un millimetro cubo! Perché voler essere adesso tanto in-
telligenti, se potremo alla fine essere un pochino, un
nonnulla meno sciocchi? A me è toccata la singolare
ventura di scoprire un nuovo strumento che trasporta
un minuscolo spicchio dell'universo un poco, non molto, piú vicino ai nostri occhi. Vi prego di servirvene.

FILOSOFO   Altezza, signore, signori, ditemi: dove ci conduce tutto questo?

GALILEO   Dove la verità possa condurre, è forse cosa che
turba lo scienziato?

FILOSOFO (*con veemenza*)   Signor Galilei, la verità può
portarci chi sa dove!

GALILEO   Altezza! In tutta Italia, durante queste notti, si
scrutano i cieli col telescopio. Le lune di Giove non
fanno calare il prezzo del latte: però finora non si erano
viste, e invece ci sono! E l'uomo comune ne deduce che
forse potrebbe vedere molte altre cose, purché gli riu-
scisse di aprire gli occhi. È questa speranza che voi dovete confermare! Non è per quel che si sente dire intorno ai moti di alcune stelle lontane, che tutta Italia
drizza gli orecchi: no, è per la notizia che certi insegnamenti, sempre tenuti per incrollabili, ora incominciano a vacillare: e ognuno sa che sono molti, troppi, quegli
incrollabili insegnamenti! Signori, non fate che difen-
diamo verità già scosse alla base!

FEDERZONI   E voi dotti dovreste fare in modo di scuoter-
le del tutto.

FILOSOFO   Preferirei che il vostro aiutante non interlo-
quisse in una disputa scientifica.

GALILEO   Altezza! Quando lavoravo nell'Arsenale di Venezia, ogni giorno avevo a che fare con disegnatori, co-
struttori, meccanici e cosí via. Da tutti loro ho appreso
nuovi modi di fare molte cose. Sono illetterati: seguono
l'evidenza dei loro cinque sensi e per lo piú non si preoccupano di dove quest'esperienza possa condurli...

FILOSOFO   Oh, oh!

GALILEO   ... In ciò molto simili ai nostri navigatori, i quali, un secolo fa, salparono dalle nostre coste senza sapere
a quali altre coste avrebbero approdato, e se sarebbero
approdati comunque. Quella sublime curiosità che fu
la gloria vera dell'antica Grecia, oggi, a quanto pare, bisogna cercarla negli arsenali!

FILOSOFO   Dopo ciò che ho udito, non ho alcun dubbio
che il signor Galilei troverà molti ammiratori tra gli ar-
senalotti!

CIAMBELLANO   Sono dolentissimo di dover ricordare al-
l'Altezza Vostra che questa conversazione altamente i-
struttiva ha superato il tempo previsto. Vostra Altezza
deve riposarsi alquanto prima del ballo di Corte.

A un suo cenno, il Granduca s'inchina a Galileo. Il seguito si dispone in fretta a partire.

SIGNORA SARTI (*impedendo il passo al Granduca, gli offre
un piatto di dolci*)   Una ciambella, Altezza?

La dama piú anziana trascina fuori il Granduca.

GALILEO (*rincorrendoli*)   Signori, davvero: bastava che
guardaste nel telescópio!

CIAMBELLANO   Sua Altezza non mancherà di richiedere,
in merito alle vostre asserzioni, l'opinione di Padre Cristoforo Clavio, astronomo capo del Sacro Collegio in
Roma e massimo fra gli astronomi viventi.

V.

Nemmeno la peste riesce a distogliere Galileo dalle sue ricerche.

a)

Stanza di lavoro di Galileo a Firenze.

È mattina presto. Galileo è chino sui suoi appunti presi al tele-scopio. Entra Virginia con una borsa da viaggio.

GALILEO   Virginia! Cos'è successo?

VIRGINIA   Il convento ha chiuso, dobbiamo tornare subito a casa. Ad Arcetri ci sono cinque casi di peste.

GALILEO (*chiama*)   Sarti!

VIRGINIA   Qui, già da stanotte la strada del mercato è sbarrata. Nel vecchio quartiere, dicono, ne son già morti due e altri tre sono moribondi all'ospedale.

GALILEO   Hanno tenuto nascosta ogni cosa fino all'ultimo, come sempre.

SIGNORA SARTI (*entra*)   Che cosa fai, qui?

VIRGINIA   C'è la peste.

SIGNORA SARTI   Buon Dio! Faccio le valige. (*Si siede*).

GALILEO   Macché valige! Prendete Virginia e Andrea. Io raccolgo i miei appunti. (*Torna correndo al suo tavolo e in gran fretta raccoglie carte qua e là*).

La signora Sarti fa indossare un mantello ad Andrea, che è arri-vato di corsa, e ammucchia un po' di biancheria da letto e di ciba-rie. Entra un valletto della Corte.

VALLETTO   In seguito al dilagare della malattia, Sua Al-tezza il Granduca è partito dalla città in direzione di Bo-logna. Ha però insistito perché anche al signor Galilei sia dato modo di mettersi in salvo. Tra due minuti ci sarà un calesse alla porta.

SIGNORA SARTI (*a Virginia e Andrea*)   Uscite subito, voi
  due. To', prendete questa roba.

ANDREA   Ma perché? Se non mi spieghi perché, non esco.

SIGNORA SARTI   C'è la peste, figliolo.

VIRGINIA   Aspettiamo il babbo.

SIGNORA SARTI   Siete pronto, signor Galileo?

GALILEO (*avvolgendo il telescopio nella tovaglia*)   Scendete e fate sedere Virginia e Andrea nel calesse. Io ven-
  go subito.

VIRGINIA   No, non ce ne andiamo senza di te. Se cominci
  a imballare i libri, non sarai mai pronto.

SIGNORA SARTI   La carrozza è arrivata.

GALILEO   Virginia, sii ragionevole. Se non scendete e non
  vi sedete nel calesse, il cocchiere parte. Non è una baz-
  zecola, la peste.

VIRGINIA (*protestando, mentre la signora Sarti la conduce
  via con Andrea*)   Aiutatelo a preparare i libri, sennò
  non viene!

SIGNORA SARTI (*chiama dall'ingresso*)   Signor Galileo! Il
  cocchiere rifiuta di aspettare!

GALILEO   Signora Sarti, io credo che non devo partire.
  Qui c'è un gran disordine, sapete: appunti che sto prendendo da tre mesi, e che son buoni da buttar via se non
  ci lavoro su ancora una notte o due. E la malattia non
  è solo qui, è dappertutto.

SIGNORA SARTI   Signor Galileo! Vieni via subito. Sei paz-
  zo!

GALILEO   Precedetemi voi con Virginia e Andrea. Io ver-
  rò dopo.

SIGNORA SARTI   Tra un'ora nessuno potrà piú partire. Devi venire anche tu! (*Ascoltando*) Se ne sta andando:
  scendo a trattenerlo. (*Via*).

Galileo cammina in su e in giú. La signora Sarti ritorna, pallidissi-
ma. Non ha piú il suo fardello.

GALILEO   Cosa state qui a fare? Volete che il calesse coi
  ragazzi parta senza di voi?

SIGNORA SARTI   Sono già partiti. Virginia si dibatteva, han dovuto tenerla. A Bologna ci sarà chi si prende cura di loro. Ma a voi, chi vi porterebbe da mangiare?

GALILEO   Sei impazzita? Rimanere in città per farmi da cucina!... (*Prende in mano i suoi appunti*) Non datemi del matto, signora Sarti. Non posso lasciare a mezzo queste annotazioni. Ho dei nemici potenti, devo raccogliere le prove per certe mie tesi.

SIGNORA SARTI   Non avete bisogno di scusarvi con me. Però non è un comportarsi da persona sensata.

b)

Davanti alla casa di Galileo a Firenze.

Galileo esce dalla porta e osserva la strada. Passano due suore.

GALILEO (*rivolge loro la parola*)   Sorelle, sapreste indicarmi dove posso trovare un po' di latte? Stamane non è passata la lattaia, e la mia governante è partita.

PRIMA SUORA   Botteghe aperte ce n'è ancora solo nella città bassa.

SECONDA SUORA   Siete uscito di lí, voi? (*Galileo annuisce*). È proprio questa, la strada!

Le due suore si segnano, mormorano un'avemaria e fuggono. Passa un uomo.

GALILEO (*si rivolge a lui*)   Siete voi il fornaio che ci porta il pane? (*L'uomo annuisce*). Avete visto per caso la mia governante? Se ne dev'essere andata ieri sera, il fatto è che da stamane non è piú in casa.

L'uomo scuote il capo. Una finestra di fronte si apre: si affaccia una donna.

DONNA (*grida*)   Scappate! C'è la peste, lí dirimpetto!

L'uomo corre via spaventato.

GALILEO   Voi, sapete che ne è della mia governante?

DONNA   La vostra governante è stramazzata a terra, laggiú, in fondo alla strada. Probabilmente sapeva di avere la malattia, e per questo se n'è andata. Bel riguardo verso il prossimo! (*Sbatte la finestra*).

Dei bambini vengono per la strada: vedono Galileo e fuggono gridando. Galileo si volta e vede sopraggiungere a corsa due soldati chiusi nelle corazze.

SOLDATI   Entra in casa, subito! (*Con le lunghe picche spingono Galileo in casa e gli barricano l'uscio alle spalle*).
GALILEO (*dalla finestra*)   Avete notizie di quella donna?
SOLDATI   Li portano al lazzaretto.
DONNA (*riapparendo alla sua finestra*)   Non sapete che tutta la via qui dietro è appestata? Perché non la sbarrate? (*I due soldati tendono una fune attraverso la strada*). Ma adesso non si può piú entrare neanche in casa nostra! Non dovevate sbarrare qui: non ce n'è, qui, di malati! Ferma, ferma! Un momento, sentite! Mio marito è fuori, come farà ora a tornare? Bestie! Bestie! (*Dall'interno la si ode singhiozzare e gridare*).

I soldati se ne vanno. A un'altra finestra si affaccia una vecchia.

GALILEO   Ci dev'essere il fuoco, là dietro.
VECCHIA   Non spengono neanche piú, quando c'è sospetto di peste. Solo della peste si preoccupano.
GALILEO   Già, non si smentiscono davvero! Cosí è tutto il loro sistema di governo. Ci mozzano via, come i rami malati di un fico che non dà piú frutti.
VECCHIA   Non è giusto parlare cosí. È che non ce la fanno.
GALILEO   Siete rimasta sola in casa?
VECCHIA   Sí. Mio figlio mi ha mandato un biglietto. Per fortuna, ieri sera è venuto a sapere che qui accanto era morto qualcuno, e non è piú tornato. Undici casi, stanotte, nel quartiere.
GALILEO   Sono pieno di rimorsi, perché non ho mandato via in tempo la mia governante. Io avevo da terminare un lavoro urgente, ma per lei non c'era nessun motivo di restare.
VECCHIA   Tanto, non possiamo andarcene: e chi ci prenderebbe? Non abbiate rimorsi. L'ho vista, io, la signo-

ra. Se n'è andata stamattina presto, verso le sette. Doveva sentirsi male, perché quando mi ha visto uscire dalla porta per ritirare il pane, ha fatto un giro per non toccarmi. Non voleva che chiudessero voi in casa. Ma quelli finiscono sempre per saper tutto.

Si ode un baccano di raganelle.

GALILEO   Che cos'è?

VECCHIA   Fanno rumore per cacciar via le nuvole che contengono i germi della peste. (*Galileo ride di cuore*). E ci trovate da ridere, voi!

Un uomo viene per la strada e si ferma alla fune di sbarramento.

GALILEO   Ehi, quell'uomo! M'hanno sprangato in casa e non ho da mangiare! (*L'uomo è già scappato*). Ma non potete lasciar morire di fame la gente! Ehi! Ehilà!

VECCHIA   Forse ci porteranno qualcosa. Altrimenti, appena fa notte, vi metterò io una brocca di latte davanti all'uscio: se non vi fa paura.

GALILEO   Olà! Olà! Bisogna pure che ci sentano!

Tutt'a un tratto, Andrea appare davanti alla fune. Ha il volto gonfio di lacrime.

GALILEO   Andrea! Di dove sei spuntato?

ANDREA   Ero già passato prima, ho picchiato alla porta, ma non mi avete sentito. Mi hanno detto che...

GALILEO   Non eri partito?

ANDREA   Sí, ma in viaggio ce l'ho fatta a saltar giú. Virginia ha proseguito. Posso entrare?

VECCHIA   No, non puoi. Devi andare dalle Orsoline. Forse ci troverai anche la mamma.

ANDREA   Ci sono già andato, ma non mi hanno permesso di vederla. Sta malissimo.

GALILEO   Da tanto lontano arrivi? Son già tre giorni che sei partito!

ANDREA   Non ho potuto fare piú presto, dovete credermi. Mi hanno anche messo in prigione!

GALILEO (*intenerito*)   Non pianger piú. Sai che nel frattempo ho scoperto una quantità di cose? Te le racconto.

vuoi? (*Andrea, singhiozzando, fa cenno di sí*). Sta' bene attento, sennò non capisci. Ricordi che ti avevo mostrato il pianeta Venere? Non badare a quel chiasso, non è nulla. Te lo ricordi? E sai che cosa ho visto? Che è tale e quale alla luna! L'ho visto a forma di emisfero e anche a forma di falce. Che ne dici? Con una pallina e con un lume ti posso far vedere tutto. E questo dimostra che anche quel pianeta è privo di luce propria. E si muove intorno al sole con un semplice cerchio. Non è straordinario?

ANDREA (*singhiozzando*)   Certo; ed è un fatto.

GALILEO (*sottovoce*)   Non sono stato io a trattenerla. (*Andrea tace*). Ma naturalmente, se non fossi rimasto io, non sarebbe successo.

ANDREA   E ora, vi dovranno credere?

GALILEO   Ora ho raccolto tutte le prove. Sai, appena è finita questa storia, vado a Roma e gli faccio vedere tutto, a quelli là.

Giú per la strada vengono due uomini mascherati, recando delle lunghe pertiche e dei mastelli. Sulla punta delle pertiche tendono pagnotte, attraverso le finestre, prima a Galileo, poi alla vecchia.

VECCHIA   E lí di fronte ci sta una donna con tre bambini. Mettetegli qualcosa sul davanzale.

GALILEO   Ma io non ho niente da bere! In casa non c'è acqua. (*I due si stringono nelle spalle*). Tornerete anche domani?

UNO DEI DUE (*con la voce soffocata dal panno che gli copre la bocca*)   E chi sa oggi cosa sarà domani?

GALILEO   Se venite, potreste farmi avere un libriccino che mi serve per i miei studi?

UOMO (*con un riso sordo*)   Proprio il momento di pensare ai libri! Sii contento, che hai un pezzo di pane!

GALILEO   Ma quel ragazzo lí, il mio allievo, verrà lui a portarvelo perché me lo diate. È la carta col tempo di rivoluzione di Mercurio, Andrea: non la tróvo piú, vuoi cercarmela a scuola?

I due uomini sono già scomparsi.

ANDREA   Certamente, signor Galileo, ve la porterò. (*Via*).

Anche Galileo si ritira. Dalla casa dirimpetto esce la vecchia e depone una brocca sulla soglia di Galileo.

VI.

Il Collegio Romano, istituto pontificio di ricerche
scientifiche, conferma le scoperte di Galileo.

Poche volte vide il mondo
i maestri andare a scuola.
Clavio, il servo di Dio,
diede ragione a Galilei.

Una sala del Collegio Romano.

È notte. Alti prelati, monaci e scienziati a gruppi. Galileo, solo, se
ne sta appartato. Atmosfera assai sbrigliata. Prima che inizi la
scena, si levano risate omeriche.

PRELATO GRASSO (*tenendosi la pancia dal ridere*) Sciocchi! Inguaribilmente sciocchi! A cosa non crederebbe la
gente, vorrei saperlo!

UNO SCIENZIATO Per esempio, che voi sentiate un'invincibile ripugnanza per la buona mensa, monsignore!

PRELATO GRASSO Macché! Crederebbero anche a questo.
Solo a ciò che è ragionevole, non credono. Dubitano dell'esistenza del diavolo; ma ammanniteglo un po' la storiella della terra che rotola nel cielo come un sassolino
in un tubo di scarico, e a quella ci credono. Sancta simplicitas!

UN MONACO (*facendo il buffone*) Uh, come gira in fretta!
Mi sento le vertigini. Permettete, messere, che mi aggrappi a voi? (*Si aggrappa, traballando buffamente, a
uno scienziato*).

SCIENZIATO Quest'ubriacona della terra anche oggi ha
bevuto troppo! (*Si aggrappa a un altro*).

MONACO Tenetevi saldi, che ruzzoliamo giú! Tenetevi,
dico!

ALTRO SCIENZIATO Guardate Venere, com'è già tutta di
traverso! Le si vede il sedere solo a metà. Aiuto!

Si forma una mischia di frati, che, tra grandi scoppi di risa, si muovono come se si sforzassero di non essere gettati fuori da una nave nella tempesta.

ALTRO MONACO   Attenzione che non ci scaraventi sulla luna, amici: devono esserci dei picchi maledettamente aguzzi!

PRIMO SCIENZIATO   Punta bene i piedi!

PRIMO MONACO   E non guardate in giú! Mi gira la testa!

PRELATO GRASSO (*forte, all'intenzione di Galileo*)   Nel Collegio Romano non gira la testa a nessuno!

Grandi risate. Da una porta nel fondo entrano due astronomi del Collegio. Si fa silenzio.

UN MONACO   E continuate a studiarci sopra? È uno scandalo!

PRIMO ASTRONOMO (*furioso*)   Noi, no!

SECONDO ASTRONOMO   A cosa si vuol arrivare? Clavio, non lo capisco... Staremmo freschi, se pensassimo di prendere per buono tutto quello ch'è stato detto e affermato da cinquant'anni in qua! Nel 1572 appare nella sfera piú eccelsa – l'ottava, quella delle stelle fisse – una nuova stella, piú grande e piú splendente di tutte le circostanti; e dopo nemmeno un anno e mezzo, eccola scomparire di nuovo e finire nel nulla. Ci si deve domandare allora che ne è dell'eternità e dell'immutabilità del cielo?

FILOSOFO   Se li lasciassimo fare, quelli ridurrebbero in briciole tutto il firmamento!

PRIMO ASTRONOMO   Già, dove s'ha a arrivare? Cinque anni dopo ecco che Tycho Brahe, il danese, definisce l'orbita di una cometa che, partendo da dietro la luna, attraversa una dopo l'altra tutte le calotte delle sfere, quelle sfere su cui poggiano materialmente nel loro moto i corpi celesti: senza incontrare resistenza, senza che la sua luce venga minimamente deviata. Ci si deve domandare allora che ne è di queste sfere?

FILOSOFO   Nemmeno parlarne! E un Cristoforo Clavio, il piú grande astronomo d'Italia e della Chiesa, ha potuto lasciarsi impegolare in discussioni del genere!

PRELATO GRASSO   Che scandalo!

PRIMO ASTRONOMO   Eppure è sempre là dentro, con l'occhio incollato a quello strumento del demonio!

SECONDO ASTRONOMO   Principiis obsta! Tutto è cominciato perché già da troppo tempo ci serviamo delle tavole di quell'eretico di Copernico per calcolare una quantità di cose: la durata dell'anno solare, le date delle eclissi di sole e di luna, le posizioni dei corpi celesti...

UN MONACO   Cos'è meglio, dico io? Osservare le eclissi di luna con tre giorni di ritardo sul calendario, o rinunciare per sempre alla salvezza eterna?

MONACO ALLAMPANATO (*viene al proscenio con la Bibbia aperta in mano e fanaticamente punta l'indice su una pagina*)   Che cosa sta scritto nella Bibbia? « Sole, fermati in Gabaòn; e tu luna fermati nella valle di Avalòn! » Come può fermarsi il sole se non si muove, stando alle teorie di questi eretici? O è forse la Bibbia che mente?

SECONDO ASTRONOMO   Sí, ci sono dei fenomeni che mettono in imbarazzo noi scienziati; ma è necessario che l'uomo capisca proprio tutto?

I due escono.

MONACO ALLAMPANATO   Costoro abbassano la patria del genere umano al livello di una stella errante. Uomini, bestie, vegetali, minerali, tutto cacciano su uno stesso carro e lo spediscono in giro per il deserto dei cieli. A dar retta a loro, non esiste piú né cielo né terra. Non la terra, perché è un astro del cielo, e nemmeno il cielo, perché è fatto di tante terre! Tra l'alto e il basso, tra l'effimero e l'eterno, non c'è piú differenza. Che noi siamo destinati a scomparire, lo si sa; ma che debbano scomparire anche i cieli, dovevano venire loro a dircelo! Il sole, la luna, le stelle e gli uomini vivono sulla terra: cosí fu detto e cosí è scritto; ma adesso, a sentire costui, anche la terra sarebbe una stella. Soltanto stelle: non c'è altro! Arriveremo al punto che un giorno li sentiremo dire: non ci son nemmeno uomini e bestie, anche l'uomo è una bestia, esistono solo le bestie!

PRIMO SCIENZIATO (*a Galileo*)   Le è caduto qualcosa in terra, signor Galilei.

GALILEO (*che durante la battuta precedente aveva tratto di tasca il suo sassolino e, dopo aver giocherellato un po', lo aveva lasciato cadere sul pavimento; mentre si china a raccoglierlo*)   In aria, messere: m'è caduto in aria!

PRELATO GRASSO (*voltandogli le spalle*)   Che spudorato!

Entra un cardinale vecchissimo, sostenuto da un monaco. Tutti fanno ala in atto di reverenza.

CARDINALE VECCHISSIMO   Dunque, non sono ancora u-sciti? Ci vuol tanto per venire a capo di una simile ine-zia? Clavio, ormai, d'astronomia dovrebbe intendersene! A quanto mi si dice, questo signor Galilei toglie l'uo-mo dal centro dell'universo per relegarlo in un punto imprecisato ai margini. È evidente perciò che il signor Galilei è un nemico del genere umano e va trattato in conseguenza. L'uomo, lo sanno anche i bambini, è la gemma del creato, la suprema e prediletta creatura di Dio. Ed è concepibile che Dio abbia voluto affidare un simile capolavoro, la sua piú sublime fatica, a una pic-cola stella fuori di mano e in perpetua corsa? Che ab-bia inviato in simile luogo il suo Divin Figlio? Esisto-no cervelli pervertiti fino al punto di prestar fede alle parole di questo schiavo della tavola pitagorica? Qua-le creatura di Dio può tollerare tanto affronto?

PRELATO GRASSO (*sottovoce al cardinale*)   Badate che è qui.

CARDINALE VECCHISSIMO   Ah, siete voi? Be', i miei oc-chi non sono piú buoni come una volta, ma mi accorgo lo stesso che somigliate come due gocce d'acqua a un tale che abbiamo mandato al rogo anni fa... come si chia-mava?

MONACO   L'Eminenza Vostra deve guardarsi dalle arrab-biature: il medico...

CARDINALE VECCHISSIMO (*scostandolo, a Galileo*)   Ave-te voluto degradare la terra, la terra di cui vivete e che vi dà tutto! Sputare nel piatto che vi nutre! Ma a me

non la date a intendere! (*Respinge il monaco e comincia
a camminare superbamente in su e in giú*) Io non sono
una nullità su una stella qualunque, che rotola un po'
qua e un po' là! Io cammino con passo sicuro sulla terra, e la terra sta ferma ed è il centro di tutte le cose,
e io sto al centro e l'occhio del Creatore sta sopra di me.
Intorno a me, fissate a otto calotte di cristallo, girano
le stelle fisse e il grande luminare del sole, creato per
diffondere luce su ciò che mi circonda e anche su me,
cosicché Dio possa vedermi. È dunque chiaro e incon-
trovertibile che tutto è fondato su di me, l'uomo, la piú
sublime fatica di Dio, l'essere centrale che Dio creò
a sua immagine e somiglianza, imperituro e... (*Dà un
crollo*).

MONACO   Vi siete troppo scaldato, Eminenza.

In questo momento si apre la porta di fondo. Entra Cristoforo
Clavio seguito dagli astronomi suoi discepoli. Attraversa a rapidi
passi la sala, silenzioso e senza guardarsi intorno. Quando è per
uscire, parla ad uno dei monaci.

CLAVIO   Ha ragione. (*Esce, seguito dagli astronomi; dietro di lui la porta rimane aperta*).

Silenzio di morte. Il cardinale vecchissimo riprende i sensi.

CARDINALE VECCHISSIMO   Che c'è? Hanno deciso?

Nessuno osa dargli la notizia.

MONACO   Eminenza, dobbiamo accompagnarvi a casa.

Il vegliardo viene trasportato fuori. Tutti abbandonano la sala,
turbati. Un monacello, frate Fulgenzio, che faceva parte del gruppo dei discepoli di Clavio, è fermo dinanzi a Galileo.

FRATE FULGENZIO   Signor Galilei, prima di andar via, padre Clavio ha detto: «Adesso i teologi dovranno provvedere a rimettere in ordine il cielo». Avete vinto.
(*Esce*).

GALILEO (*cercando di trattenerlo*)   Lei, ha vinto! La ragione ha vinto, non io!

Il monacello è uscito. Anche Galileo se ne va. Mentre varca la
soglia, incontra un prelato di statura imponente: è il Cardinale

Inquisitore, accompagnato da un astronomo. Galileo s'inchina.
Prima di uscire, rivolge sottovoce una domanda al guardiano.

GUARDIANO (*gli sussurra di rimando*) Sua Eminenza il
Cardinale Inquisitore.

L'astronomo guida il Cardinale Inquisitore verso il telescopio.

VII.

Ma l'Inquisizione pone all'indice la teoria di Coper-
nico (5 marzo 1616).

A Roma Galilei fu invitato
nel palazzo di un cardinale.
Gli offrirono pranzi, gli offrirono vino
e poi gli espressero un piccolo desiderio.

Palazzo del Cardinale Bellarmino a Roma.

Si sta dando un ballo. Nel vestibolo – dove due segretari ecclesiastici giocano a scacchi e prendono appunti sugli ospiti – Galileo
viene ricevuto da un gruppetto di dame e di gentiluomini mascherati. Sua figlia Virginia e il fidanzato di questa, Ludovico
Marsili, lo accompagnano.

VIRGINIA   Voglio ballare solo con te, Ludovico.

LUDOVICO   Ti si è slacciata una spallina.

GALILEO

Quel tuo merletto un po' discinto, Fillide,
non riordinare: vago a me rivela
scompigli piú riposti
e ad altri pure. Tra gli sfolgoranti
doppieri delle sale, evoca a loro
angoli oscuri nel complice parco.

VIRGINIA   Sentimi il cuore.

GALILEO (*le mette una mano sul cuore*)   Batte.

VIRGINIA   Voglio che mi trovino bella.

GALILEO   È necessario. Altrimenti ricominceranno a dire
che la terra non gira.

LUDOVICO   E infatti non gira, signor Galileo. (*Galileo ri-*
de). In tutta Roma si parla di voi. Ma da stasera, signore, si parlerà anche di vostra figlia.

GALILEO   A Roma, dicono, è facile sembrare belli, di pri-
    mavera. Anch'io, probabilmente, somiglio a un Adone
    ben pasciuto. (*Ai due segretari*) Devo aspettare qui Sua
    Eminenza. (*Alla coppia*) Andate a divertirvi, voi.

VIRGINIA (*tornando indietro di corsa, prima di passare nel
    salone*)   Babbo, dal parrucchiere di via del Vittorio
    c'erano altre quattro signore, ma io ho avuto la prece-
    denza. Sapeva benissimo il tuo nome. (*Via*).

GALILEO (*ai due scrivani che giocano a scacchi*)   Ma come?
    Giocate ancora alla vecchia maniera, passin passino? Og-
    gi si gioca facendo scorrere liberamente i pezzi grossi
    su tutti i riquadri. La torre si muove cosí (*lo mostra*),
    l'alfiere cosí e la regina cosí e cosí. Almeno, si ha un po'
    di spazio per fare un piano d'azione!

PRIMO SEGRETARIO   Che volete, è uno stile che non si at-
    taglia ai nostri miseri stipendi. Noi possiamo fare solo
    un passetto alla volta, cosí (*muove una pedina*).

GALILEO   Sbagliate, mio caro, sbagliate! Chi vive in gran-
    de, trova anche modo di farsi pagare le scarpe piú gran-
    di! Dobbiamo adeguarci ai tempi, signori. Non bordeg-
    giare sempre, ma spingerci al largo, una buona volta!

Il vecchissimo cardinale della scena precedente, accompagnato dal
suo frate, attraversa tutta la scena. Vede Galileo, gli passa davanti, poi, esitando, si volta e lo saluta. Dal salone si ode, cantata da
un coretto infantile, la prima strofa di un madrigale dell'epoca:

> *Quando la rosa si disfiora e muore*
> *e sulla terra languidi*
> *giacciono e smorti i petali,*
> *a pensar mi sorprendo*
> *come sia vano il giovanil ardore.*

GALILEO   Roma... Gran festa, eh?

PRIMO SEGRETARIO   Il primo carnevale che si festeggia
    dagli anni della peste. Vedete qui rappresentate tutte le
    maggiori famiglie italiane: gli Orsini, i Villani, i Nuc-
    coli, i Soldanieri, i Cane, i Lecchi, gli Estensi, i Colom-
    bini...

SECONDO SEGRETARIO (*interrompendolo*)   Le loro Emi-
    nenze i Cardinali Bellarmino e Barberini.

Entrano il Cardinale Bellarmino e il Cardinale Barberini. Davanti ai visi tengono, appese ad un bastone, le maschere di un agnello e di una colomba.

BARBERINI (*puntando l'indice verso Galileo*)   « Il sole sorge e tramonta e ritorna al luogo suo », dice Salomone. Che dice Galilei?

GALILEO   Eminenza, ricordo che una volta, quand'ero alto cosí (*indica con la mano*), trovandomi su una nave, mi misi a gridare: « Veh, come si allontana la riva! » Ora però so che la riva stava ferma e che la nave si allontanava.

BARBERINI   Furbo, furbo, eh, Bellarmino? Quello che si vede, cioè che il firmamento gira intorno a noi, può darsi che non sia vero, come dimostra l'esempio della riva e della nave. Mentre quello che è vero, cioè che la terra gira, non lo si può vedere materialmente. Furbo, in verità. È un fatto, comunque, che le sue lune di Giove hanno dato filo da torcere ai nostri astronomi! Anch'io purtroppo, Bellarmino, ai miei tempi ho letto qualcosa di astronomia. È come un prurito che ti resta addosso.

BELLARMINO   Perché non dovremmo adeguarci ai tempi, Barberini? Se l'uso di carte costruite sulle nuove ipotesi facilita il compito ai nocchieri delle nostre navi, tanto vale adoperarle. Dobbiamo solo confutare quelle dottrine che contraddicono la Sacra Scrittura. (*Fa un cenno di saluto verso la sala da ballo*).

GALILEO   La Sacra Scrittura: « Colui che serra il grano, il popolo lo maledirà ». Libro dei Proverbi.

BARBERINI   « Il savio tiene riposta la scienza ». Libro dei Proverbi.

GALILEO   « Dove non vi sono buoi, la stalla è pulita; ma grande è il vantaggio che viene dalla forza del bue ».

BARBERINI   « Meglio vale chi signoreggia il suo spirito che il prenditore di città ».

GALILEO   Sí. Ma « uno spirito infranto prosciuga le ossa ». (*Pausa*). E... « non grida forse la sapienza? »

BARBERINI   « Può alcuno camminare sopra i carboni ardenti, senza scottarsi i piedi? »... Benvenuto a Roma, amico Galilei. Ricorderete la leggenda sull'origine di questa città. Due fanciulletti ebbero ricovero e nutrimento da una lupa; e di quel latte, d'allora in poi, tutti i figli della lupa hanno dovuto pagare il prezzo. Ma, in cambio, la lupa procura ogni sorta di svaghi, celesti come terrestri: da una disputa scientifica col mio amico Bellarmino fino a tre o quattro dame celebri in tutto il mondo... posso mostrarvele? (*Trascina Galileo verso il fondo, per mostrargli il salone. Galileo lo segue riluttante*). No? Preferite annoiarvi con una discussione? E sia! Siete sicuro, amico Galilei, che voi astronomi non vogliate semplicemente rendere piú comoda l'astronomia? (*Portandolo di nuovo verso il proscenio*) Pensate in termini di cerchi e di ellissi, di velocità uniformi e di movimenti semplici, cioè di cose conformi ai vostri cervelli. Ma supponiamo che l'Onnipotente si sia fitto in capo di far muovere le stelle cosí (*traccia in aria col dito un'orbita complicatissima con un moto irregolare*). Dove andrebbero a finire, allora, i vostri calcoli?

GALILEO   Allora, Eminenza, l'Onnipotente ci avrebbe forniti di cervelli fatti cosí (*traccia col dito lo stesso movimento*) perché potessimo credere che un movimento cosí (*ripete il tracciato immaginario*) fosse il piú semplice possibile! Io ho fede nel cervello.

BARBERINI   Io, invece, lo considero inadeguato... (*Pausa. A Bellarmino*) Non risponde. È troppo educato per dirmi che, secondo lui, inadeguato è soltanto il mio cervello.

BELLARMINO   Il cervello umano, amico mio, non può fare molta strada. Intorno a noi non vediamo che storture, misfatti, debolezze. Dov'è la verità?

GALILEO (*con foga*)   Io ho fede nel cervello!

BARBERINI (*ai due segretari*)   Non scrivete nulla di tutto questo. Stiamo facendo un'amichevole discussione scientifica.

BELLARMINO   Pensate un istante: quanta fatica, quanto studio è costato ai Padri della Chiesa – e a tanti altri dopo di loro – il dare un po' di senso a un mondo abominevole come il nostro! Pensate alla cattiveria di quei pa-

droni di terre che fanno fustigare i loro contadini semi-
nudi sui campi, e alla stupidità di questi che, poveretti,
li ricambiano baciandogli i piedi!

GALILEO   Una vergogna! Venendo a Roma, ho visto...

BELLARMINO   Ebbene, del senso ultimo di questi fatti,
che ci riescono incomprensibili, ma di cui è intessuta la
vita, noi abbiamo reso responsabile un Ente supremo;
abbiamo detto che con quei fatti si perseguono certe fi-
nalità, che tutto ciò si spiega con l'attuazione di un im-
menso disegno. Non che con questo abbiamo ottenuto
la fine di ogni inquietudine; ma adesso venite voi a rin-
facciare all'Ente supremo di non aver le idee chiare circa
i moti del mondo degli astri, mentre voi, invece, le avete chiare. È una saggia condotta, questa?

GALILEO (*prendendo il fiato per fare una dichiarazione*)   Io
sono un devoto figlio della Chiesa...

BARBERINI   Che si può fare con un tipo come costui? Vuole dimostrare, col massimo candore, che Domineddio ha
commesso dei grossi spropositi in fatto d'astronomia!
Domineddio, dunque, non ha studiato a fondo l'astronomia prima di scrivere la Bibbia? Ma andiamo, amico
mio!

BELLARMINO   Non sembra probabile anche a voi che il
Creatore, in merito alla sua creazione, ne sappia piú degli uomini che lui stesso ha creati?

GALILEO   Ma signori miei, nulla di strano che l'uomo, come non sa leggere giusto nel cielo, non sappia leggere
giusto neanche nella Bibbia!

BELLARMINO   Ma signor mio, l'interpretazione della Bibbia è compito riservato ai teologi della Santa Chiesa, sí
o no? (*Galileo non risponde*). Vedete: finalmente ve ne
state zitto. (*Fa un cenno ai segretari*) Signor Galilei,
questa notte il Sant'Uffizio ha decretato che la teoria di
Copernico, secondo la quale il sole è il centro del mondo ed è immobile, mentre la terra non è il centro del
mondo e si muove, è folle, assurda ed eretica. Ho l'incarico di ammonirvi ad abbandonare tali dottrine. (*Al
primo segretario*) Ripetete, per favore.

PRIMO SEGRETARIO   Sua Eminenza il Cardinale Bellarmino al detto signor Galileo Galilei: « Il Sant'Uffizio ha decretato che la teoria di Copernico, secondo la quale il sole è il centro del mondo ed è immobile, mentre la terra non è il centro del mondo e si muove, è folle, assurda ed eretica. Ho l'incarico di ammonirvi ad abbandonare tali dottrine ».

GALILEO   Che significa?

Dalla sala si ode, cantata da un coro infantile, un'altra strofa del canto:

> *Il tempo lieto non lasciar finire;*
> *cogli la rosa, breve è il suo fiorire.*

Il Cardinale Barberini fa cenno a Galileo di tacere finché dura il canto. Ascoltano in silenzio.

GALILEO   Ma i fatti? Credo di aver capito che gli astronomi del Sacro Collegio hanno riconosciuto la giustezza dei miei rilievi!

BELLARMINO   E hanno espresso al riguardo la loro piú completa soddisfazione, in termini assai lusinghieri per voi.

GALILEO   Ma i satelliti di Giove? Le fasi di Venere?...

BELLARMINO   Il Sant'Uffizio ha emanato il suo decreto senza soffermarsi su questi particolari.

GALILEO   Vi rendete conto che il progresso di ogni ricerca scientifica...

BELLARMINO   ... Si trova assolutamente al sicuro, amico mio. E ciò in conformità al pensiero della Chiesa, secondo cui non ci è dato di conoscere la verità, ma ci è consentito di cercarla. (*Saluta un altro invitato nella sala*) Siete libero di dissertare anche su queste dottrine, purché sotto forma di ipotesi matematiche. La scienza è figlia legittima e dilettissima della Chiesa, signor Galilei. Nessuno di noi pensa seriamente che voi intendiate minare la fiducia nella Chiesa.

GALILEO (*sdegnato*)   La fiducia può esaurirsi, se si vuol troppo cimentarla!

BARBERINI   Davvero? (*Con una sonora risata lo batte sulla spalla. Poi, guardandolo con gravità e parlandogli senza asprezza*) Siate realista, amico Galilei. Anche noi lo

siamo. Voi ci siete piú necessario di quanto noi lo siamo
a voi.

BELLARMINO   Non vedo l'ora di presentare il piú grande matematico d'Italia al commissario del Sant'Uffizio.
Egli nutre per voi somma considerazione.

BARBERINI (*prendendo Galileo per l'altro braccio*)   E a
questo punto, eccolo ridiventare agnello. Caro amico,
avreste fatto bene a venire anche voi camuffato da bravo dottore conformista. È proprio per potermi concede-
re un po' di libertà che oggi porto la maschera. Sotto
queste spoglie, può darsi che mi sentiate mormorare:
« Se Dio non esistesse, bisognerebbe inventarlo ». Bene,
rimettiamoci le nostre maschere.

Entrano nella sala, tenendo in mezzo Galileo.

PRIMO SEGRETARIO   Hai capito bene l'ultima frase?

SECONDO SEGRETARIO   La sto scrivendo. E tu hai capito
quando ha parlato della sua fede nel cervello?

Entra il Cardinale Inquisitore.

INQUISITORE   È terminato il colloquio?

PRIMO SEGRETARIO (*come un automa*)   Prima è venuto il
signor Galilei con sua figlia, che oggi si è fidanzata col
signor... (*L'Inquisitore lo interrompe con un cenno*).
Poi il signor Galilei ci ha parlato di un nuovo modo di
giocare agli scacchi, diverso da tutte le regole, facendo
muovere liberamente le pedine su tutta la scacchiera...

INQUISITORE (*con lo stesso gesto*)   Il verbale.

Uno dei due segretari gli porge il verbale. L'Inquisitore si siede
e lo scorre con lo sguardo. Due damigelle attraversano la scena:
davanti all'Inquisitore fanno una piccola riverenza.

UNA DAMIGELLA   Chi è?

L'ALTRA   Il Cardinale Inquisitore.

Escono ridacchiando. Entra Virginia, guardandosi intorno come
in cerca di qualcuno.

INQUISITORE (*dall'angolo ove è seduto*)   Siete voi, figliuola mia?

VIRGINIA (*un po' spaventata, non avendolo scorto subito*)
Oh! Eminenza!

L'Inquisitore, senza alzare gli occhi, le tende la destra. Ella si
avvicina e, genuflettendosi, gli bacia l'anello.

INQUISITORE   Meravigliosa serata! Permettete che mi con-
gratuli per il vostro fidanzamento: il vostro promesso
appartiene a un'ottima famiglia. Vi tratterrete a Roma?
VIRGINIA   No, Eminenza, per il momento. Devo fare molti preparativi per le mie nozze.
INQUISITORE   Ah, dunque tornate a Firenze con vostro
padre? Ne son lieto. Gli sarete preziosa, immagino. Già,
le matematiche non servono molto a rendere piacevole
l'ambiente familiare. Ma il vostro fervore giovanile riu-
scirà a trattenerlo coi piedi sulla terra. Lassú (*indica il
cielo*) è facile, a un grand'uomo, perdersi.
VIRGINIA (*senza fiato*)   Siete molto buono, Eminenza. Io
non ci capisco niente, in quelle cose.
INQUISITORE   No, eh? (*Ride*) È vero, in casa del cacciato-
re non si mangian lepri. Sarà curioso per vostro padre
accorgersi, cara figliuola, che ciò che sapete sugli astri,
l'avete ascoltato da me. (*Sfoglia il verbale*) Leggo qui
che i nostri innovatori, dei quali il vostro signor padre
è il capo universalmente riconosciuto – un grand'uomo,
uno dei piú grandi tra i viventi – considerano alquanto
esagerata l'idea che ci siamo fatta finora della nostra
amata terra. Dai tempi di Tolomeo (un sapiente dell'an-
tichità) fino ad oggi, si riteneva che l'intero universo
creato, e cioè tutto l'insieme delle sfere di cristallo al
cui centro si trova la terra, si estendesse per circa venti
volte il diametro terrestre. Un bello spazio, no? Ma
gl'innovatori lo giudicano assolutamente troppo piccolo. Per loro, a quel che si sa, la misura dell'universo è
incredibilmente piú vasta, e la distanza fra la terra ed il
sole – che a noi è sempre parsa tutt'altro che disprezza-
bile – è cosí impercettibilmente piccola, in confronto
alla distanza che divide la nostra misera terra dalle stelle fisse, poggianti sulla sfera piú eccelsa, che nei loro calcoli non ne tengon neppure conto. Davvero, non si può

dire che questi innovatori vivano su un piede di grandezza! (*Virginia ride. Anche l'Inquisitore ride*). Ma di
recente alcuni Padri del Sant'Uffizio si sono, direi, scan-
dalizzati di una cotale immagine dell'universo, al cui pa-
ragone quella in cui abbiamo creduto fin qui non è che
un'immaginetta da porre intorno al vezzosissimo collo
di certe fanciulle; e si preoccupano all'idea che, visti a
cosí smisurata distanza, i preti e gli stessi cardinali ci
facciano la figura di tante formiche. Non ci sarebbe da
stupirsi se l'Onnipotente finisse col perdere di vista anche il Papa! Sí, è divertente... ma sono lieto di sapervi
vicino a vostro padre, a questo grand'uomo, cara figliuola, che tutti noi amiamo e stimiamo tanto. Posso sapere
chi è il vostro confessore?

VIRGINIA   Padre Cristoforo di Sant'Orsola, Eminenza.

INQUISITORE   Già. Sono contento, dunque, che torniate
col vostro babbo a Firenze. Egli avrà bisogno di voi:
forse non ve ne rendete conto, ma il momento verrà.
Siete cosí giovane, siete il sangue suo, e talvolta la grandezza è un fardello non facile da portare per coloro cui
Dio l'ha concessa, non facile. Quale uomo è tanto grande da non poter essere contenuto in una preghiera?...
Ma vi faccio perder tempo, fanciulla cara. Il vostro fidanzato sarà geloso di me; e forse anche vostro padre,
se saprà che vi ho parlato di astronomia, per di piú secondo teorie superate. Andate a ballare, e non dimenticate di salutarmi padre Cristoforo.

Virginia fa una profonda riverenza ed esce di corsa.

VIII.

Un colloquio.

*Galileo lesse il verdetto
e un monacello venne a trovarlo.
Era figlio di poveri contadini,
voleva sapere come acquistare il sapere,
voleva saperlo, voleva saperlo.*

Palazzo dell'ambasciata fiorentina a Roma.

Galileo sta parlando con frate Fulgenzio.

GALILEO   Parlate pure: il vostro abito vi dà diritto di dire tutto quel che volete.

FULGENZIO   Ho studiato matematica, signor Galilei.

GALILEO   Questo può tornarci utile, se vi induce ad ammettere che due e due possono anche fare quattro.

FULGENZIO   Signor Galilei, non ho chiuso occhio da tre notti per tentar di conciliare il decreto, che ho letto, con le lune di Giove, che ho viste. Stamattina ho deciso di dire la messa e poi di venirvi a trovare.

GALILEO   Per dirmi che le lune di Giove non esistono?

FULGENZIO   No. Sono riuscito a convincermi che il decreto è stato saggio. È servito a rivelarmi quanto possa essere rischiosa per l'umanità un'indagine libera da ogni freno: tanto, che ho preso la decisione di abbandonare l'astronomia. Ma ho pure sentito il bisogno di esporvi alcuni motivi che possono spingere anche un astronomo, quale ero io, a interrompere lo studio delle scienze esatte.

GALILEO   So benissimo quali sono questi motivi.

FULGENZIO   Capisco la vostra amarezza. Alludete a certi poteri straordinari di cui dispone la Chiesa.

GALILEO   Chiamateli pure strumenti di tortura.

FULGENZIO   Ma non si tratta solo di questo. Permettete
che vi parli di me? Sono cresciuto in campagna, figlio di
genitori contadini: gente semplice, che sa tutto della
coltivazione dell'ulivo, ma del resto ben poco istruita.
Quando osservo le fasi di Venere, ho sempre loro dinanzi agli occhi. Li vedo seduti, insieme a mia sorella,
sulla pietra del focolare, mentre consumano il loro ma-
gro pasto. Sopra le loro teste stanno le travi del soffitto,
annerite dal fumo dei secoli, e le loro mani spossate dal
lavoro reggono un coltelluccio. Certo, non vivono bene;
ma nella loro miseria esiste una sorta di ordine riposto,
una serie di scadenze: il pavimento della casa da lavare,
le stagioni che variano nell'uliveto, le decime da pagare... Le sventure piovono loro addosso con regolarità,
quasi seguendo un ciclo. La schiena di mio padre non
s'è incurvata tutta in una volta, ma un poco piú ogni
primavera, lavorando nell'uliveto: allo stesso modo che
i parti, succedendosi a intervalli sempre uguali, sempre
piú facevano di mia madre una creatura senza sesso.
Donde traggono la forza necessaria per la loro faticosa
esistenza? per salire i sentieri petrosi con le gerle colme
sul dorso, per far figli, per mangiare perfino? Dal senso
di continuità, di necessità, che infonde in loro lo spetta-
colo degli alberi che rinverdiscono ogni anno, la vista
del campicello e della chiesetta, la spiegazione del Vangelo che ascoltano la domenica. Si son sentiti dire e ripetere che l'occhio di Dio è su di loro, indagatore e quasi ansioso; che intorno a loro è stato costruito il grande
teatro del mondo perché vi facciano buona prova reci-
tando ciascuno la grande o piccola parte che gli è assegnata... Come la prenderebbero ora, se andassi a dirgli
che vivono su un frammento di roccia che rotola ininter-
rottamente attraverso lo spazio vuoto e gira intorno a
un astro, uno fra tanti, e neppure molto importante?
Che scopo avrebbe tutta la loro pazienza, la loro soppor-
tazione di tanta infelicità? Quella Sacra Scrittura, che
tutto spiega e di tutto mostra la necessità: il sudore, la
pazienza, la fame, l'oppressione, a che potrebbe ancora
servire se scoprissero che è piena di errori? No: vedo i

loro sguardi velarsi di sgomento, e il coltelluccio cadere sulla pietra del focolare; vedo come si sentono traditi, ingannati. Dunque, dicono, non c'è nessun occhio sopra di noi? Siamo noi che dobbiamo provvedere a noi stessi, ignoranti, vecchi, logori come siamo? Non ci è stata assegnata altra parte che di vivere cosí, da miserabili abitanti di un minuscolo astro, privo di ogni autonomia e niente affatto al centro di tutte le cose? Dunque, la nostra miseria non ha alcun senso, la fame non è una prova di forza, è semplicemente non aver mangiato! E la fatica è piegar la schiena e trascinar pesi, non un merito! Cosí direbbero; ed ecco perché nel decreto del Sant'Uffizio ho scorto una nòbile misericordia materna, una grande bontà d'animo.

GALILEO   Bontà d'animo! Forse intendete dire che, dal momento che non c'è piú niente, che tutto il vino è bevuto e che le loro labbra sono secche, non gli resta che baciare la tonaca! Ma perché non c'è piú niente? Perché mai l'ordine che regna in questo paese è l'ordine che esiste in un magazzino vuoto? Perché non v'è altra necessità che quella di lavorare fino a crepare? In mezzo a vigneti carichi di grappoli, ai campi folti di grano! Sono i vostri parenti contadini quelli che pagano le guerre scatenate dal vicario del pio Gesú in Spagna e in Germania! Perché Gesú ha posto la terra al centro dell'universo? Ma perché la cattedra di Pietro possa essere il centro della terra! È solo di questo che si tratta. Avete ragione voi: non si tratta dei pianeti, ma dei contadini dell'Agro Romano. E non venite a parlarmi dell'alone di bellezza che emana dalla vecchiaia! Sapete come si sviluppa la perla nell'ostrica? Un corpo estraneo insopportabile, per esempio un granello di sabbia, penetra dentro al guscio, e l'ostrica, per seppellire quel granello, secerne calce; e in questo processo rischia la morte. Allora, dico io, al diavolo la perla, purché l'ostrica resti sana! Le virtú non sono appannaggio unicamente della miseria, caro mio. Se i vostri genitori vivessero prosperi e felici, potrebbero sviluppare le virtú della prosperità e della felicità. Oggi, invece, i campi esausti producono coteste virtú di esaurimento, ed io le rifiuto. Amico, le mie nuove pompe idrauliche potrebbero operare miracoli ben maggiori di tutto quel grottesco affaccendarsi oltre l'umana capacità... Crescete e moltiplicatevi! perché le guerre spopolano i territori e i nostri campi sono sterili. Bisogna dunque proprio mentire alla tua gente?

FULGENZIO (*con grande agitazione*) Dobbiamo tacere per il piú nobile dei motivi: la pace spirituale dei diseredati!

GALILEO Vuoi che ti mostri una pendola del Cellini? Me l'ha portata stamane il cocchiere del cardinal Bellarmino. Caro mio, come contentino per non turbare la pace spirituale dei tuoi genitori, le autorità mi offrono la mia porzione del vino che hanno vendemmiato dal sudore dei loro volti, i quali, come tu ben sai, sono fatti a immagine e somiglianza di Dio. Se mi adattassi a tacere, potrei anche ricavarne qualche utilità: vita facile, niente persecuzioni e via dicendo.

FULGENZIO Signor Galilei, io sono un ecclesiastico.

GALILEO Sei anche un fisico. E che le fasi di Venere esistono, lo vedi. Guarda! (*Indica oltre la finestra*) Vedi là il piccolo Priapo, alla fonte vicino al lauro? Il dio degli orti, degli uccelli e dei ladri, l'osceno idolo contadino, vecchio di duemil'anni? Ha detto meno bugie di loro! Va bene, non ne parliamo, anch'io sono un figlio della Chiesa. Ma non avete mai letto l'ottava satira di Orazio? Proprio in questi giorni me la sto rileggendo, per ritrovare un po' d'equilibrio. (*Afferra un libriccino*) Sentite come fa parlare una statuetta di Priapo che si trovava negli orti Esquilini. Comincia cosí:

> Ero un ceppo di fico, un legno poco servibile
> quando il mio falegname, incerto se fare di me
> Priapo od uno sgabello, finí col scegliere il dio...

Credete che Orazio, se per esempio gli avessero imposto di non parlare di uno sgabello, ma di mettere nella poesia un tavolo, lo avrebbe tollerato? Messere, il pretendere che, nel mio quadro dell'universo, Venere debba essere senza fasi, è recare offesa al mio senso estetico! Come possiamo scoprire le macchine che regolano il cor-

so dei fiumi, se ci si fa divieto di studiare la piú grande
macchina che sta innanzi ai nostri occhi, quella del firmamento! E la somma degli angoli di un triangolo non
può variare a seconda degli interessi della Curia. E non
posso calcolare le traiettorie dei corpi volanti in maniera
da spiegare anche i voli delle streghe sui manici di
scopa!

FULGENZIO   Ma non credete che la verità – se verità è – si
farà strada anche senza di noi?

GALILEO   No, no, no! La verità riesce ad imporsi solo nella misura in cui noi la imponiamo; la vittoria della ragione non può essere che la vittoria di coloro che ragionano.
Tu parli dei contadini dell'Agro come se fossero il mu-
schio che alligna sulle loro capanne! A chi mai può passare per la mente che ciò che *a loro* interessa, non vada
d'accordo con la somma degli angoli di un triangolo?
Certo che, se non si agitano, se non imparano a pensare,
poco può aiutarli anche il piú efficace sistema d'irrigazione. Per tutti i diavoli, vedo bene che sono ricchi di
divina pazienza; ma la loro divina furia, dov'è?

FULGENZIO   Sono stanchi.

GALILEO (*gettandogli un fascio di manoscritti*)   Sei o non
sei un fisico, figlio mio? Qui sta scritto com'è che negli
oceani avvengono le alte e le basse maree. Non lo puoi
leggere, hai capito? To', e invece lo leggi? Sei un fisico,
allora? (*Frate Fulgenzio è sprofondato nella lettura*). Il
frutto dell'albero della conoscenza! Ecco, lo azzanna subito. Sarà dannato in eterno, ma non può far a meno di
azzannarlo, sciagurato ghiottone! A volte penso che mi
lascerei rinchiudere in una prigione dieci tese sotterra,
dove non penetrasse un filo di luce, purché in cambio po-
tessi scoprire di che cosa la luce è fatta. E il peggio è che,
tutto quello che scopro, devo gridarlo intorno: come un
amante, come un ubriaco, come un traditore. È un vizio
maledetto, mi trascinerà alla rovina. Quanto potrò resistere a parlare solo coi muri? Questo è il problema.

FULGENZIO (*indicando un passo del manoscritto*)   C'è una
frase che non capisco.

GALILEO   Te la spiegherò. Te la spiegherò.

IX.

Dopo otto anni di silenzio, l'avvento di uno scienziato al soglio pontificio incoraggia Galileo a riprendere le sue ricerche nel campo che gli era stato proibito. Le macchie solari.

*La verità nel sacco,
la lingua tra i denti,
otto anni tacque, poi non resisté piú:
verità, fa' la tua strada.*

Casa di Galileo a Firenze.

I discepoli di Galileo, Federzoni, frate Fulgenzio e Andrea Sarti (ormai un giovinotto) sono riuniti per una lezione sperimentale. Galileo, in piedi, sta leggendo un libro. Virginia e la signora Sarti cuciono il corredo.

VIRGINIA   Com'è bello cucirsi il corredo! Questa è una tovaglia grande, per pranzi di gala. A Ludovico piace ricevere. Bisogna che sia fatta alla perfezione: sua madre bada a ogni punto. Quelli che non manda giú, sono i libri del babbo: anche lei come padre Cristoforo.

SIGNORA SARTI   Sono anni che ha smesso di scrivere libri.

VIRGINIA   Credo che abbia capito di essersi sbagliato. A Roma, un grande dignitario della Chiesa mi spiegò molte cose in fatto di astronomia. Le distanze sono troppo grandi.

ANDREA (*scrive su una lavagna il compito assegnatogli per la giornata*) «Giovedí pomeriggio: corpi galleggianti ». Anche oggi ghiaccio; un bacile d'acqua; una bilancia; aghi di ferro; Aristotele. (*Va a prendere i vari oggetti*).

Gli altri consultano libri. Entra Filippo Muzio, uno studioso di mezza età: è alquanto turbato all'aspetto.

MUZIO   Potreste domandare al signor Galilei di ricevermi? Mi ha condannato senza neppure ascoltarmi.

SIGNORA SARTI   Ma lui non vuole ricevervi.

MUZIO   Domandateglielo, e Dio ve ne renderà merito. Devo assolutamente parlargli.

VIRGINIA (*va ai piedi della scala*)   Babbo!

GALILEO   Che c'è?

VIRGINIA   Il signor Muzio.

GALILEO (*interrompe bruscamente la lettura e va a capo della scala, seguito dai discepoli*)   Desiderate?

MUZIO   Signor Galilei, ve ne prego, consentite che vi spieghi quei passi del mio libro che apparentemente suonano condanna alla teoria copernicana della rotazione della terra. Io...

GALILEO   Che c'è da spiegare? Quei passi concordano col decreto emanato dalla Congregazione del Sant'Uffizio nel 1616: ebbene? Siete nel vostro diritto. È vero, siete stato nostro discepolo di matematica; ma questo non dà a noi il diritto di sentirvi dire che due piú due fanno quattro. Voi avete pieno diritto di affermare che questo sasso (*trae di tasca un sassolino e lo lascia cadere di sotto*) in questo momento è volato su fino al tetto.

MUZIO   Signor Galilei, io...

GALILEO   Non tiratemi in ballo le difficoltà! Neanche la peste ha potuto fermarmi, quando facevo le mie rilevazioni.

MUZIO   Signor Galilei, può esserci di peggio della peste.

GALILEO   Statemi a sentire: chi non conosce la verità è soltanto uno sciocco; ma chi, conoscendola, la chiama bugia, è un malfattore! Fuori di casa mia!

MUZIO (*con voce atona*)   Avete ragione. (*Esce*).

Galileo ritorna nella sua stanza da lavoro.

FEDERZONI   Cosí è, purtroppo. Quello là certo non è un genio, e tutto il suo valore sta nell'aver avuto voi per maestro. Ma adesso, per forza la gente dice: «Ha ascoltato tutti gl'insegnamenti di Galileo, e ora deve ammettere che erano falsi».

SIGNORA SARTI   Poverino, mi fa compassione.

VIRGINIA   Babbo gli voleva troppo bene.

SIGNORA SARTI   Virginia, vorrei parlarti delle tue nozze. Sei ancora tanto giovane, sei senza mamma, e tuo padre non fa che ficcare quei pezzi di ghiaccio nell'acqua. Al tuo posto, io non gli farei nessuna domanda riguardo al matrimonio. Lo sentiremmo dire, per una settimana di seguito, le cose piú orribili: a tavola, ben inteso, e in presenza dei ragazzi; non ha due soldi di pudore, lo sai, non ne ha mai avuto. Non intendo quegli argomenti, no: semplicemente, penso a quello che sarà il tuo avvenire. Io non posso dirti nulla, sono troppo ignorante. Ma una faccenda seria come questa, non si deve affrontarla alla cieca. Io ti consiglierei di andare da un astronomo, uno di quelli veri, dell'università, e farti fare l'oroscopo: cosí almeno saprai che cosa ti aspetta. Perché ridi?

VIRGINIA   Perché ci sono già stata.

SIGNORA SARTI (*molto curiosa*)   E che ti ha detto?

VIRGINIA   Che per tre mesi dovrò fare attenzione, dato che il sole è nell'Ariete, ma poi subirò un influsso molto favorevole e le nubi si dissiperanno. Se non perderò mai di vista Giove, potrò avventurarmi in qualsiasi viaggio, perché sono dell'Ariete.

SIGNORA SARTI   E Ludovico?

VIRGINIA   Lui è del Leone. (*Breve pausa*). Dev'essere molto sensuale. (*Pausa*). Conosco questo passo. È il signor Gaffone, il rettore.

Entra Gaffone, rettore dell'Università.

GAFFONE   Sono venuto solo a portare un libro che probabilmente interesserà vostro padre. Vi prego, per amor del cielo, non disturbate il signor Galilei. Non riesco a togliermi dalla mente l'idea che ogni minuto rubato al nostro grand'uomo è un minuto rubato all'Italia. Ecco, depongo delicatamente il libro nelle vostre manine e me ne vado in punta di piedi. (*Esce*).

Virginia dà il libro a Federzoni.

GALILEO   Di che tratta?

FEDERZONI   Non so. (*Compitando*) De maculis in sole.

ANDREA   Ah! Le macchie del sole! Anche questo! (*Federzoni, stizzito, gli porge il libro*). Senti la dedica! (*Legge*)
« A Galileo Galilei, tra i viventi autorevolissimo nelle
scienze fisiche ». (*Galileo si è nuovamente sprofondato
nel libro che sta leggendo*). Ho letto la memoria di quel
Fabricius d'Olanda: è dell'opinione che si tratti di scia-
mi di pianeti tra la terra e il sole.

FULGENZIO   Non è un'opinione dubbia, signor Galileo?

Galileo non risponde.

ANDREA   A Parigi e a Praga sostengono invece che sono
vapori emanati dal sole.

FEDERZONI   Uhm!

ANDREA   Federzoni ne dubita, a quel che pare.

FEDERZONI   Fatemi il piacere di non occuparvi di me: ho
detto « uhm », e nient'altro. Non posso dubitare di nulla,
io: il mio mestiere è quello di limare le lenti, il vostro di
adoperarle per osservare il cielo, e allora quelle che vedete non sono macchie, ma « maculis »! Quante volte ve
l'ho da ripetere che i libri, io, non li so leggere? Sono
scritti in latino! (*Furioso, gesticola con la bilancia. Uno
dei due piatti cade a terra. Galileo, silenzioso, si alza e va
a raccoglierlo*).

FULGENZIO   Chi sa perché il dubbio appare agli uomini come una felicità.

ANDREA   Da due settimane, ogni giorno di sole, salgo fin
sulla terrazza in cima alla casa, sotto la tettoia. Tra le fes-
sure della tettoia penetra un raggio sottilissimo, e io,
con un foglio di carta, riesco a intercettare l'immagine
rovesciata del sole. Vi ho veduto una macchia grossa come una mosca, indistinta come una piccola nuvola; e
camminava. Perché non ci mettiamo a studiare le macchie, signor Galileo?

GALILEO   Perché stiamo studiando i corpi galleggianti.

ANDREA   Le ceste da biancheria di mia madre sono piene
di lettere: da tutta Europa chiedono la vostra opinione.
Ormai siete diventato troppo famoso, non potete piú tacere.

GALILEO   Se Roma mi ha permesso di diventare famoso, è
    perché sono stato zitto.

FEDERZONI   Ma ormai, non potete piú permettervi di star
    zitto.

GALILEO   Potrò permettermi, dico, di non finire arrostito
    su un fuoco di legna come un prosciutto!

ANDREA   Ah! Credete che le macchie solari siano in rap-
    porto con quella faccenda? (*Galileo non risponde*). Be',
    allora andiamo avanti coi pezzetti di ghiaccio. Questi
    non possono nuocere.

GALILEO   Perfettamente! La nostra tesi, Andrea?

ANDREA   Noi riteniamo che la proprietà di galleggiare non
    dipenda dalla forma dell'oggetto, ma da ciò che esso sia
    piú o meno pesante dell'acqua.

GALILEO   Come dice Aristotele?

FULGENZIO   « Discus latus platusque... »

GALILEO   Traduci, traduci.

FULGENZIO   « Un disco di ghiaccio largo e piatto può gal-
    leggiare sull'acqua, mentre un ago di ferro affonda ».

GALILEO   E perché il ghiaccio non affonda, secondo Ari-
    stotele?

FULGENZIO   Perché, essendo largo e piatto, è incapace di
    dividere l'acqua.

GALILEO   Bene. (*Prende un pezzo di ghiaccio e lo pone nel
    recipiente*) Ora io spingo con forza il ghiaccio fino sul
    fondo del bacile; e ora tolgo la pressione delle mani. Che
    cosa avviene?

FULGENZIO   Risale a galla.

GALILEO   Perfettamente. Si direbbe dunque che, risalen-
    do a galla, riesce a dividere l'acqua: no, Fulgenzio?

FULGENZIO   Ma perché galleggia, poi? Il ghiaccio è piú
    pesante dell'acqua, dato che è acqua condensata.

GALILEO   E se fosse invece acqua rarefatta?

ANDREA   Dev'essere piú leggero dell'acqua, sennò non gal-
    leggerebbe.

GALILEO   Eh, eh!

ANDREA   Allo stesso modo che non può galleggiare un ago
    di ferro. Tutti gli oggetti piú leggeri dell'acqua galleggia-

no e tutti i piú pesanti affondano. Come dovevasi dimostrare.

GALILEO   Andrea, impara ad essere piú cauto nelle tue de-
duzioni. Dammi quell'ago. E un foglio di carta. Il ferro
è piú pesante dell'acqua, sí o no?

ANDREA   Sí.

Galileo posa l'ago sul foglio di carta e lo pone a galleggiare sul
pelo dell'acqua. Pausa.

GALILEO   Che cosa succede?

FEDERZONI   Galleggia! Sant'Aristotele... Nessuno aveva
mai pensato a verificarlo!

Ridono.

GALILEO   Una delle principali cause della miseria delle
scienze sta, molto spesso, nella loro presunzione di essere ricche. Scopo della scienza non è tanto quello di aprire una porta all'infinito sapere, quanto quello di porre
una barriera all'infinita ignoranza. Annotate ciò che avete visto!

VIRGINIA   Che c'è?

SIGNORA SARTI   Tutte le volte che ridono cosí, mi sento
un piccolo brivido. Di che mai rideranno, penso.

VIRGINIA   Il babbo dice che i teologi fanno suonare le loro
campane e i fisici le loro risate.

SIGNORA SARTI   Be', se non altro, mi fa piacere che non
guardi piú tanto in quel suo tubo. Quello era peggio.

VIRGINIA   Adesso non fa che mettere dei pezzi di ghiaccio
nell'acqua: non può venirne gran male.

SIGNORA SARTI   Non lo so.

Entra Ludovico Marsili in vesti da viaggio, seguito da un servo
che porta il bagaglio. Virginia gli corre incontro e lo abbraccia.

VIRGINIA   Perché non mi hai scritto che venivi?

LUDOVICO   Mi trovavo nelle vicinanze; stavo visitando i
nostri vigneti di Bucciole, e non ho potuto fare a meno
di venire a trovarti.

GALILEO (come non vedendoci bene)   Chi è?

VIRGINIA   È Ludovico.

FULGENZIO   Come? Non lo vedete?

GALILEO   Ma già, Ludovico! (*Gli va incontro*) Come stanno i cavalli?

LUDOVICO   Benissimo, signore.

GALILEO   Festeggiamo l'avvenimento, signora Sarti. Portaci un boccale di vino siciliano, di quello vecchio!

La signora Sarti esce con Andrea.

LUDOVICO   Sei pallida, Virginia. L'aria dei campi ti gioverà. Mia madre ti aspetta per il settembre.

VIRGINIA   Un momento, voglio mostrarti l'abito da sposa. (*Corre via*).

GALILEO   Siediti.

LUDOVICO   Mi dicono, signore, che alle vostre lezioni all'università avete più di mille studenti. A che lavoro vi state dedicando?

GALILEO   Poco interessante. Sei passato per Roma?

LUDOVICO   Sí... Non voglio dimenticare di dirvi che mia madre vi manda i suoi rallegramenti per l'ammirevole tatto da voi dimostrato in occasione delle recenti gazzarre olandesi a proposito delle macchie solari.

GALILEO (*asciutto*)   La ringrazio.

Rientra la signora Sarti con Andrea. Recano un boccale di vino e bicchieri. Tutti si raggruppano intorno alla tavola.

LUDOVICO   I romani hanno un nuovo soggetto di conversazione per questo febbraio. Padre Clavio ha detto di temere che questa faccenda delle macchie solari riporti a galla quell'altra, della terra che gira intorno al sole.

ANDREA   Non ha da preoccuparsi.

GALILEO   E, a parte l'attesa delle mie nuove eresie, quali altre notizie dalla Città Santa?

LUDOVICO   Saprete certamente che il Santo Padre è vicino a morte.

FULGENZIO   Oh!

GALILEO   E chi si prevede come successore?

LUDOVICO   Tutti parlano del Cardinale Barberini.

GALILEO   Barberini!

ANDREA   Il signor Galileo lo conosce.

FULGENZIO   È un matematico, il Cardinale Barberini.

FEDERZONI   Uno scienziato sulla cattedra di Pietro!

Pausa.

GALILEO   Eh sí, ora hanno bisogno di uomini come lui, di uomini che sappiano qualcosa di matematica! Le cose si mettono in movimento. Federzoni, può darsi che viviamo abbastanza da vedere il giorno in cui non avremo piú bisogno di guardarci intorno come malfattori per dire che due e due fanno quattro. (*A Ludovico*) Mi piace questo vino. E a te, Ludovico?

LUDOVICO   Mi piace.

GALILEO   Conosco la collina sulla quale è maturato. Il pendio è ripido e sassoso, i grappoli quasi azzurri. Lo amo.

LUDOVICO   Sí, signore.

GALILEO   Guarda come è ombrato. Ed è quasi dolce, ma, direi, si ferma al punto giusto. – Andrea, porta via cotesta roba: ghiaccio, bacile, aghi. – Amo le consolazioni della carne e non posso soffrire i vigliacchi che le chiamano debolezze. Affermo che il godimento delle cose è un modo di lavorare utilmente.

FULGENZIO   Che cosa volete fare?

FEDERZONI   Ricominciamo a occuparci della terra che gira intorno al sole.

ANDREA (*canticchia sottovoce*)

> La Bibbia dice che non gira, e i vecchi
> sapientoni ne dànno mille prove.
> Domineddio l'agguanta per gli orecchi
> e le dice: sta' ferma! Eppur si muove.

Andrea, Fulgenzio e Federzoni si dirigono rapidi alla tavola degli esperimenti e incominciano a sgombrarla.

ANDREA   E se scoprissimo che gira anche il sole? Come la piglieresti, Marsili?

LUDOVICO   Perché siete cosí eccitati?

SIGNORA SARTI   Signor Galileo, non ricomincerete, spero, con quello strumento del demonio!

GALILEO   Ora ho capito perché tua madre ti ha mandato a trovarmi! Barberini sta per essere Papa! La scienza diventa una passione, la ricerca un gusto. Ha ragione Clavio: le macchie solari mi interessano. Ti piace il mio vino, Ludovico?

LUDOVICO   Vi ho detto di sí, signore.

GALILEO   Ti piace davvero?

LUDOVICO (*rigido*)   Mi piace.

GALILEO   E non puoi accettare da un uomo il suo vino, oppure sua figlia, senza chiedergli di rinunciare al suo mestiere? Cosa ha a che fare con mia figlia l'astronomia? Le fasi di Venere influiscono in qualche modo sulla curva delle sue chiappe?

SIGNORA SARTI   Non dite indecenze. Vado subito a cercare Virginia.

LUDOVICO (*trattenendola*)   I matrimoni nelle famiglie come la mia non avvengono solo seguendo l'inclinazione dei sensi.

GALILEO   Ti hanno fatto aspettare otto anni a sposare mia figlia per tenermi in quarantena?

LUDOVICO   La donna che sarà mia moglie dovrà prendere posto in chiesa sul banco di famiglia.

GALILEO   Vuoi dire che, se sul banco di famiglia siederà la figlia di un peccatore, i tuoi contadini potrebbero rifiutarsi di pagare il fitto?

LUDOVICO   In certo modo, sí.

GALILEO   Andrea, Fulgenzio, portate il riflettore e lo schermo! Faremo cadere sullo schermo l'immagine del sole, per risparmiarci gli occhi. È il tuo metodo, Andrea.

Andrea e Fulgenzio eseguono.

LUDOVICO   Signor Galileo, a Roma vi eravate impegnato a non piú immischiarvi in quella disputa delle rotazioni.

GALILEO   Ah, be'! Allora c'era un Papa conservatore.

SIGNORA SARTI   C'era! Sua Santità non è ancora morto!

GALILEO   Ci manca poco, ci manca poco!... Avanti, tracciate una rete quadrettata sullo schermo. Noi procediamo con metodo. E poi potremo rispondere alle loro lettere: eh, Andrea?

SIGNORA SARTI   « Ci manca poco! » Costui pesa cinquanta

volte un pezzettino di ghiaccio, ma purché gli capiti qualcosa che gli torni comoda, ci crede ciecamente!

Viene eretto lo schermo.

LUDOVICO   Se Sua Santità dovesse morire, signor Galileo, il nuovo Papa, chiunque egli sia e per quanto amore possa portare alle scienze, dovrà pur tenere conto del grande affetto che portano a lui le migliori famiglie italiane.

FULGENZIO   Dio ha creato il mondo fisico, Ludovico; Dio ha creato il cervello umano; Dio permetterà il progresso delle scienze.

SIGNORA SARTI   Galileo, adesso tu ascolti me. Ho visto mio figlio cadere nel peccato con i tuoi « esperimenti », con le tue « teorie », con le tue « osservazioni », senza poterci far nulla. Ti sei messo contro le autorità e già una volta ti hanno ammonito. I piú importanti cardinali hanno cercato di convincerti, come si fa con un cavallo ombroso. Per un po' è servito, ma due mesi fa, poco dopo l'Immacolata, ti sorpresi mentre, alla chetichella, ricominciavi con quelle « osservazioni ». Non dissi nulla: sapevo bene di che si trattava, ma scappai ad accendere un cero a san Giuseppe. Adesso è troppo. Quando sei a quattr'occhi con me ti mostri ragionevole, mi dici che sí, lo sai, devi trattenerti, perché è una cosa pericolosa; ma bastano due giorni di esperimenti, e ritorni peggio di prima. Se io ho da finire all'inferno perché voglio rimanere appiccicata a un eretico, è affar mio; ma tu non hai il diritto di calpestare coi tuoi piedacci la felicità di tua figlia!

GALILEO (accigliato)   Portate il telescopio!

LUDOVICO   Giuseppe, rimetti il bagaglio nella carrozza.

Il servo esce.

SIGNORA SARTI   Non lo sopporterà! Ma dovrete esser vo a dirglielo! (Corre via, ancora col boccale di vino in mano).

LUDOVICO   Vedo che avete proprio compiuto tutti i preparativi. Signor Galileo, la mamma e io trascorriamo nove mesi su dodici nelle nostre terre in Campania e possiamo

assicurarvi che i nostri contadini non si lasciano distrar-
re dalle vostre memorie sulle lune di Giove. Troppo du-
ro è il loro lavoro nei campi. Ma, se venissero a sapere
che ormai si possono attaccare impunemente le sante
dottrine della Chiesa, potrebbero esserne turbati. Quegli infelici, non dovete scordarvelo, nella loro condizione
di bruti, fanno un'accozzaglia di tutto. Sono come le bestie, né piú né meno: roba da non credere. Basta che cir-
coli la voce che una pera è cresciuta su un melo, e loro
lasciano a mezzo il lavoro dei campi e si mettono a ciar-
lare.

GALILEO (*con interesse*) Dici· davvero?

LUDOVICO Bestie. Se vengono alla fattoria a lagnarsi per
qualche inezia, la mamma è costretta a far frustare un
cane in presenza loro: per ricordargli qual è il loro posto, non c'è altro mezzo. Oh! forse voi, qualche volta, dal
finestrino di una comoda carrozza, avrete visto il grano
biondeggiare nei campi; avrete già assaggiato le nostre
olive e mangiato soprappensiero il nostro cacio; ma della
fatica, della vigilanza continua che tutto questo esige,
non ve ne fate nemmeno un'idea!

GALILEO Giovanotto, ti prego di credere che io non mangio mai il cacio soprappensiero. (*Villano*) Mi fai perdere
tempo! (*Grida verso l'esterno*) Siamo pronti con lo
schermo?

ANDREA Sí. Venite?

GALILEO Ma tu, Ludovico Marsili, non ti limiti a frustare
i cani solo per ricordare ai contadini qual è il loro posto:
o mi sbaglio?

LUDOVICO Signor Galileo, avete un cervello meraviglioso.
Peccato!

FULGENZIO (*stupito*) Vi minacciava!

GALILEO Sicuro. Potrei istigare i suoi contadini a pensare
in un modo nuovo. E anche i suoi servi, e i suoi fattori.

FEDERZONI Ma come? Neanche loro sanno di latino.

GALILEO Potrei scrivere in volgare, per i molti, anziché in
latino per i pochi. Per le nuove idee, quella che ci serve
è la gente che lavora con le mani: agli altri non interessa
conoscere l'origine delle cose. Quelli che vedono il pane

solo quand'è sulla tavola, non vogliono sapere come è stato cotto: canaglie, preferiscono ringraziar Dio piuttosto che il fornaio! Ma quelli che, il pane, lo fanno, quelli sapranno capire che niente si muove da sé. Tua sorella, Fulgenzio, mentre gira il torchio delle olive, non farà le grandi meraviglie, anzi facilmente si metterà a ridere, quando saprà che il sole non è un aureo scudo nobiliare, ma una leva: e che, se la terra si muove, è perché il sole la fa muovere!

LUDOVICO   Rimarrete in eterno schiavo delle vostre passioni. Fate le mie scuse a Virginia. Credo sia meglio che non ci rivediamo.

GALILEO   La dote rimane a vostra disposizione in ogni momento.

LUDOVICO   Buongiorno. (*Se ne va*).

ANDREA   I nostri omaggi a tutti i Marsili!

FEDERZONI   Che ordinano alla terra di stare ferma, sennò i loro castelli potrebbero andare a gambe all'aria!

ANDREA   E ai Cenzi, e ai Villani!

FEDERZONI   Ai Cervilli!

ANDREA   Ai Lecchi!

FEDERZONI   Ai Pierleoni!

ANDREA   Che baciano i piedi al Papa a patto che se ne serva per schiacciare il popolo!

FULGENZIO (*anche lui intento agli strumenti*)   Il nuovo Papa sarà un uomo illuminato.

GALILEO   Suvvia, incominciamo a osservare queste macchie solari che ci interessano: a nostro rischio e pericolo, senza troppo contare sulla protezione del nuovo Papa.

ANDREA (*interrompendolo*)   Ma con ogni probabilità di dissipare le ombre stellari di Fabricius e i vapori solari di Parigi e di Praga, e di dare le prove della rotazione del sole.

GALILEO   Con qualche probabilità di dare le prove della rotazione del sole: Non m'importa di mostrare di aver avuto ragione, ma di stabilire *se* l'ho avuta. E vi dico: lasciate ogni speranza, o voi che vi accingete a osservare! Forse sono vapori, forse sono macchie; ma prima di affermare che sono macchie, cerchiamo di accertare se per caso sono pesci fritti. Sí, rimetteremo tutto, tutto in dubbio. E non procederemo con gli stivali delle sette leghe, ma a passo di lumaca. E quello che troviamo oggi, domani lo cancelleremo dalla lavagna e non lo riscriveremo piú, a meno che posdomani lo ritroviamo un'altra volta. Se qualche scoperta seconderà le nostre previsioni, la considereremo con speciale diffidenza. E dunque, prepariamoci ora ad osservare il sole con l'inflessibile determinazione di dimostrare che la terra è immobile! E solo quando avremo fallito, quando, battuti senza speranza, saremo ridotti a leccarci le ferite, allora con la morte nell'anima cominceremo a domandarci se per caso non avevamo ragione, se davvero è la terra che gira! (*Ammiccando*) Ma se tutte le altre ipotesi, all'infuori di questa, ci si dovessero squagliare fra le dita, allora nessuna pietà per coloro che, senza aver cercato, vorranno parlare! Andrea, togli il panno dal cannocchiale e volgilo verso il sole! (*Regola il riflettore*).

FULGENZIO   L'avevo capito che vi eravate rimesso al lavoro. L'ho capito quando non avete riconosciuto Marsili.

Si mettono tranquillamente a lavorare. Nel momento in cui l'immagine fiammante del sole appare sullo schermo, entra di corsa Virginia, vestita dell'abito nuziale.

VIRGINIA   Babbo! L'hai mandato via! (*Sviene*).

Andrea e Fulgenzio accorrono a lei.

GALILEO   Io devo sapere.

X.

Nei dieci anni seguenti le dottrine di Galileo si diffondono tra il popolo. Dappertutto scrittori satirici e cantastorie commentano le nuove idee. Il martedì grasso del 1632, in molte città d'Italia, i cortei carnevaleschi delle corporazioni traggono spunto dall'astronomia.

Piazza principale di una città.

Una coppia di saltimbanchi dall'aria affamata, con una bimbetta di cinque anni e un bimbo lattante, compaiono su una piazza dove una folla, in parte mascherata, è in attesa di veder sfilare il corteo. Trascinano vari fardelli, un tamburo e altri utensili.

CANTASTORIE (*picchiando il tamburo*) Rispettabili cittadini, signore e signori! In attesa del grande corteo mascherato delle corporazioni, vi presentiamo una nuovissima canzone fiorentina, che si canta in tutta l'Italia superiore e che a prezzo di ingenti spese abbiamo potuto importare in questa terra. Titolo: le tremende teorie ed opinioni del signor Galileo Galilei, fisico di Corte, ovverossia anticipazioni sull'età futura. (*Canta*)

    Lo dice il primo libro della Genesi:
    quando Domineddio fece il creato
    creò prima la terra e dopo il sole
    e al sole comandò: «Girale intorno!»
    E da quel giorno tutto ciò che vive
    quaggiú deve girare in girotondo.
    Intorno al Papa i cardinali
    e intorno ai cardinali i vescovi
    e intorno ai vescovi gli abati
    e poi vengono i nobili.

E intorno a questi gli artigiani
e intorno agli artigiani i servi
e intorno ai servi i cani, i polli e i mendicanti.

E questo, buona gente, è il grande ordinamento, *ordo ordinum*, come dicono i signori teologi, *regula aeternis* ossia la regola delle regole; ma dopo, cari amici, che cosa avvenne? (*Canta*)

Il saggio Galileo
diede un'occhiata al cielo
e disse: « Nella Genesi
non c'è nulla di vero! »
Bel coraggio! Non è cosa da poco:
oggi queste eresie
si diffondono come malattie.
Che resta, se si cambia la Scrittura?
Ognuno dice e fa quel che gli comoda
senza aver piú paura.

Rispettabili cittadini, queste teorie sono assolutamente impossibili! (*Canta*)

Se certe idee fan presa, gente mia,
cosa può capitare?
Non ci saran piú chierici alla messa,
le serve il letto non vorran piú fare...
Brutta storia! Non è cosa da poco:
il libero pensiero è attaccaticcio
come un'epidemia.
Dolce è la vita, l'uomo irragionevole,
e tanto per cambiare
far quel che ci talenta è assai piacevole!

Buona gente, date ora uno sguardo a quella che sarà l'età futura, secondo le previsioni del signor Galileo Galilei! (*Canta*)

I carpentieri si faranno
la casa, e non banchi di chiesa
e i ciabattini se ne andranno
per strada con le scarpe ai piedi.
E scacceranno i rustici

dalle lor terre i nobili
e il latte al prete non lo porteranno
ma lo daranno ai piccoli.

Brutta storia! Non è cosa da poco:
il libero pensiero è attaccaticcio
come un'epidemia.
Dolce è la vita, l'uomo irragionevole
e tanto per cambiare
far quel che ci talenta è assai piacevole!

MOGLIE DEL CANTASTORIE
Per quel che mi riguarda
anch'io vorrei cambiare:
bel ragazzo, stasera
ci vogliamo incontrare?

CANTASTORIE
No, no, per carità, Galileo fermati!
Il libero pensiero è attaccaticcio
come un'epidemia.
Ognuno ha da serbare il proprio rango,
chi in vetta e chi nel fango:
e fate a vostro grado, gente mia!

A DUE
Pover'uomo che dall'età remota
obbedisci al Vangelo e a chi governa
e porgi rassegnato l'altra gota
per conquistar la ricompensa eterna,
non obbedire piú, diventa saggio:
è tempo ormai di vivere ciascuno a suo vantaggio!

CANTASTORIE   Rispettabili cittadini, mirate la strepitosa
scoperta di Galileo Galilei, ossia la terra che gira intorno al sole! (*Picchia energicamente sul tamburo*).

La donna e la bambina si fanno avanti: la donna regge una gros-
solana riproduzione del sole, e la bambina, tenendo sulla testa
una zucca raffigurante la terra, si mette a girarle intorno. Il cantastorie addita con gesto magniloquente la bambina, come se stes-
se per compiere un pericoloso salto mortale, mentre non fa che
avanzare a passi sobbalzanti, obbedendo al rullare cadenzato del
tamburo. Nuovo tambureggiare dietro le quinte.

VOCE STENTOREA (*annuncia*)   La processione!

Entrano due uomini cenciosi tirando un carrettino: su un trono da burla sta seduto il « Granduca di Firenze » con una corona di cartapesta, vestito di tela di sacco, scrutando il cielo col telescopio. Sopra il trono, un cartello: « In cerca di guai ». Quindi, a passo di marcia, entrano quattro uomini mascherati che reggono una grande coperta. Si fermano e fanno rimbalzare in aria un fantoccio raffigurante un cardinale. Un nano, da un lato, innalza un altro cartello con la scritta: « La nuova era ». In mezzo alla folla, un accattone si erge sulle stampelle e con esse picchia il suolo a ritmo di danza, finché stramazza con fracasso. Appare un fantoccio di grandezza superiore all'umana, Galileo Galilei, che s'inchina verso il pubblico. Davanti a lui un bimbo porta una gigantesca Bibbia aperta, dalle pagine cancellate.

CANTASTORIE   Ecco Galileo Galilei, l'ammazza-Bibbia!

Grandi risate della folla.

XI.

1633: l'Inquisizione convoca a Roma lo scienziato universalmente noto.

In basso fa caldo, in alto fa freddo,
rumorosa è la via, silenziosa la corte.

Vestibolo e scala del Palazzo Medici in Firenze.

Galileo e sua figlia attendono di essere ammessi alla presenza del Granduca.

VIRGINIA   Ci fanno aspettare.

GALILEO   Già.

VIRGINIA   Guarda, c'è ancora quell'uomo che ci ha seguiti fin qui. (*Indica un individuo che passa davanti a loro senza guardarli*).

GALILEO (*la cui vista è indebolita*)   Non lo conosco.

VIRGINIA   L'ho già visto spesso, in questi giorni. Mi dà i brividi.

GALILEO   Sciocchezze. Siamo a Firenze, non tra i banditi della Corsica.

VIRGINIA   Sta scendendo il rettore Gaffone.

GALILEO   Quello sí che mi fa paura. È un attaccabottoni idiota.

Gaffone, il rettore dell'università, discende la scala. Alla vista di Galileo è preso da visibile sgomento; passa impettito davanti ai due tenendo la testa rigidamente voltata dall'altra parte e facendo appena un lievissimo cenno di saluto.

GALILEO   Che cosa gli è preso? Anche oggi i miei occhi vanno male. Ci ha salutati o no?

VIRGINIA   Appena. (*Pausa*). Che c'è nel tuo libro? Potranno accusarlo di eresia?

GALILEO   Tu bazzichi troppo la chiesa. E a furia di alzar

all'alba e di correre a messa, ti rovini la carnagione. Preghi per me, non è vero?

VIRGINIA   Ecco mastro Vanni, il fonditore: quello a cui hai fatto il progetto per l'officina. Ricordati di ringraziarlo delle quaglie che ci ha mandato.

Un uomo ha disceso la scala.

GALILEO   Grazie ancora per le quaglie, mastro Vanni. Erano eccellenti.

VANNI   Stavano parlando di voi, di sopra. Tutto questo subisso di nuovi libelli contro la Bibbia, dicono che è colpa delle vostre dottrine.

GALILEO   Non so niente di libelli, io. Le mie letture preferite sono la Bibbia e Omero.

VANNI   Sarà. Be', approfitto dell'occasione per dirvelo: noi artieri teniamo dalla vostra. Io dei moti delle stelle non me n'intendo molto; ma per me voi siete l'uomo che difende la libertà d'imparare cose nuove. Per esempio, quel coltivatore meccanico che hanno in Germania e che voi mi avete descritto... E a Londra, solo in quest'ultimo anno, sono stati pubblicati cinque volumi di agricoltura. Potessimo almeno trovare un libro che ci parlasse dei canali d'Olanda! Quelli che mettono i bastoni tra le ruote a voi, sono gli stessi che proibiscono ai medici di Bologna di sezionare i cadaveri per le loro ricerche.

GALILEO   Vi sentiranno, Vanni!

VANNI   Lo spero bene. Sapete che ad Amsterdam e a Londra hanno, nientemeno, il mercato del denaro? E anche scuole d'arti e mestieri, e fogli di notizie, che escono regolarmente. Qui non c'è nemmeno la libertà di guadagnare! I signori ce l'hanno con le fonderie: dicono che mettendo insieme tanti operai si favorisce l'immoralità dei costumi! Io sarò sempre dalla parte di uomini come voi, signor Galilei. E se a qualcuno venisse in mente di darvi delle noie, ricordatevelo: avete amici in tutte le industrie, tutte le città dell'Italia superiore sono con voi.

GALILEO   Ma, per quello che so, non c'è nessuno che voglia farmi del male.

VANNI   No?

GALILEO   No.

VANNI   A mio giudizio, fareste meglio a partire per Venezia: ci sono meno tonache. Di là, potrete dar battaglia. Se volete, ho una carrozza e dei cavalli.

GALILEO   Non sono fatto per la vita del fuggiasco. Mi piacciono le mie comodità.

VANNI   Certo. Ma da quello che ho sentito di sopra, si tratta di non perder tempo. Ho l'impressione che qui a Corte si sentirebbero molto sollevati, se proprio oggi non foste a Firenze.

GALILEO   Ma per carità! Il Granduca è mio discepolo. E se ci fosse qualcuno che volesse tendermi un laccio, il Papa risponderà chiaro e tondo di no.

VANNI   Signor Galilei, mi pare che non sappiate distinguere i vostri amici dai vostri nemici.

GALILEO   So distinguere il potere dall'impotenza. (*Bruscamente si discosta*).

VANNI   Come volete. Buona fortuna. (*Esce*).

GALILEO (*tornando verso Virginia*)   Basta che uno patisca ingiustizie perché mi scelga per capo spirituale! E soprattutto nei momenti in cui piú mi nuoce! Ho scritto un libro sulla meccanica del firmamento, ecco tutto. Quello poi che gli altri vogliono farne o non farne, non è affar mio.

VIRGINIA (*a voce alta*)   Se la gente sapesse quanto hai disapprovato le pagliacciate dell'ultimo carnevale in tutte le città d'Italia!

GALILEO   Sí: offrire il miele a un orso vuol dire perdere il braccio, se l'orso è affamato.

VIRGINIA (*sottovoce*)   È stato il Granduca a dirti di venire, oggi?

GALILEO   No, sono stato io a chiedergli udienza. Sarà lieto di ricevere il libro: l'ha pagato. Chiedi a quel commesso, protesta perché ci fanno aspettare.

VIRGINIA (*seguita dall'individuo, va a parlare al commesso*)   Signor Mincio, Sua Altezza è informata che mio padre desidera parlarle?

COMMESSO   Che ne so io?

VIRGINIA Non è questo il modo di rispondere.

COMMESSO Ah no?

VIRGINIA Potreste essere piú cortese. (*Il commesso le volta a mezzo le spalle, sbadiglia e guarda l'individuo. Virginia tornando indietro*) Ha detto che il Granduca è ancora occupato.

GALILEO Ho sentito che parlavi di cortesia. A che proposito?

VIRGINIA Lo ringraziavo della sua cortese informazione, nient'altro. Non faresti meglio a lasciare qui il libro? Stai perdendo tempo!

GALILEO Davvero che comincio a chiedermi che valore ha, questo mio tempo. Può darsi che accetti l'invito di Sagredo e me ne vada per qualche settimana a Padova. La mia salute lascia a desiderare.

VIRGINIA Credi che riusciresti a vivere senza i tuoi libri?

GALILEO Una o due casse di vino siciliano, nella carrozza, ci starebbero.

VIRGINIA Ma non m'hai sempre detto che non resiste a essere trasportato? E la Corte ti deve ancora tre mesi di stipendio! Non te li spedirebbero, siine certo.

GALILEO È vero.

Il Cardinale Inquisitore discende la scala.

VIRGINIA Il Cardinale Inquisitore.

L'Inquisitore passa davanti a Galileo e s'inchina cerimoniosamente.

VIRGINIA Babbo, che è venuto a fare a Firenze il Cardinale Inquisitore?

GALILEO Non so. Ma hai visto? Per nulla scortese. Sapevo bene quel che facevo, quando decisi di trasferirmi a Firenze e di starmene zitto per tanti anni! Mi hanno colmato di elogi a tal punto, che adesso hanno da prendermi per quello che sono.

COMMESSO (*annuncia a voce alta*) Sua Altezza il Granduca.

Cosimo de' Medici discende la scala; Galileo gli va incontro. Cosimo si ferma, con aria un po' impacciata.

GALILEO   Desideravo umiliare a Vostra Altezza i miei dia-
loghi dei due massimi...

COSIMO   Bene, bene. Come vanno i vostri occhi?

GALILEO   Cosí cosí. Col permesso di Vostra Altezza, vorrei mostrarle...

COSIMO   La salute dei vostri occhi mi sta grandemente a
cuore. Davvero, grandemente. Temo che abbiate guardato troppo a lungo e troppo sovente in quel vostro por-
tentoso cannone; o sbaglio? (*Si allontana, senza prendere il libro*).

GALILEO   Non ha preso il libro, eh?

VIRGINIA   Babbo, ho paura.

GALILEO (*sottovoce, deciso*)   Fa' come se nulla fosse. Non
torniamo a casa, andiamo da Volpi, il vetraio. Mi sono
messo d'accordo con lui: nel cortile della taverna accanto, c'è sempre pronto un carro con delle botti vuote, se
voglio uscire di città.

VIRGINIA   Sapevi...

GALILEO   Non voltarti.

Fanno per avviarsi.

UN ALTO FUNZIONARIO (*scendendo la scala*)   Signor Galilei, ho l'incarico d'informarvi che la Santa Inquisizione
ha richiesto di interrogarvi a Roma e che la Corte granducale non è piú in grado di opporre un rifiuto. La carrozza della Santa Inquisizione vi aspetta, signor Galilei.

XII.

Il Papa.

Una stanza del Vaticano.

Papa Urbano VIII – l'ex Cardinale Barberini – durante la vesti-
zione sta dando udienza al Cardinale Inquisitore. Dall'esterno si
ode un forte scalpiccio e trepestio.

PAPA (*a voce altissima*) No, no e no!

INQUISITORE Dunque, Vostra Santità si prepara davvero
a dire ai suoi dottori di ogni facoltà, ai rappresentanti
degli ordini ecclesiastici e del clero tutto, qui convenuti
con la loro ingenua fede nella parola di Dio tramandata
dalla Scrittura, per udire dalla Santità Vostra la conferma di quella loro fede: si prepara dunque a dir loro che
non si deve piú credere alla Bibbia?

PAPA Non voglio mettermi contro la tavola pitagorica.
Questo poi no!

INQUISITORE Contro la tavola pitagorica o contro lo spirito del dubbio e dell'insubordinazione? Sono costoro
che invocano la tavola pitagorica; ma è ben altro, noi lo
sappiamo. Il mondo è percorso da un'inquietudine ne-
fanda; e l'inquietudine dei loro cervelli, costoro la tra-
sferiscono alla terra, alla terra immobile. «Le cifre parlano chiaro»: questo, il loro grido di battaglia! Ma donde provengono quelle cifre? È presto detto: dal dubbio.
Loro mettono in dubbio ogni cosa; e possiamo noi fon-
dare la compagine umana sul dubbio anziché sulla fede?
«Tu sei il mio Signore, ma dubito che ciò sia giusto».
«Questa è la casa del mio vicino, questa è la moglie del
mio vicino, ma dubito che non possano essere mie». Ed
ecco, d'altro canto, l'amore di Vostra Santità per le arti
fatto oggetto di frizzi ingiuriosi, come quello che si leg-

ge sui muri delle case romane: « Ciò che non fecero i
barbari, fecero i Barberini »! E fuori d'Italia? Dio ha
creduto di sottoporre a dure prove il Sacro Soglio. V'è
gente di corte vedute che non capisce la politica condotta
da Vostra Santità in Spagna; che deplora il dissidio con
l'Imperatore. Da tre lustri la Germania è un banco da
macello, dove ci si scanna a suon di citazioni della Bibbia. E ora che la peste, la guerra e la Riforma hanno ri-
dotto il gregge cristiano a piccoli frantumi sparuti, per
tutta l'Europa corre la voce che voi, in segreta combut-
ta con i luterani svedesi, vi proponete d'indebolire l'Imperatore cattolico. E proprio adesso cotesti vermi di ma-
tematici volgono i loro cannocchiali al cielo e annuncia-
no al mondo che anche qui, anche in quest'unico spazio
che ancora non vi si contestava, Vostra Santità si trova
a mal partito. È lecito chiedersi: come mai tanto im-
provviso interesse per una scienza remota come l'astronomia? Che importanza può avere il modo in cui quelle
sfere girano? Ma in Italia, in questo paese dove tutti,
fino all'ultimo degli stallieri, vanno ciarlando delle fasi
di Venere sul funesto esempio di quel fiorentino, non
v'è nessuno che non pensi in pari tempo anche a tutto
quello che si dichiara incontestabile nelle scuole e in altri luoghi, e che riesce cosí sgradito! Che succederebbe
se tutti costoro, deboli nella carne, inclini ad ogni ecces-
so, tenessero per valida istanza solo la loro ragione, come va predicando quel forsennato? Una volta che dubi-
tassero se il sole si sia davvero fermato in Gabaòn, i loro
sporchi dubbi potrebbero estendersi anche alle questue!
Da quando si avventurano sugli oceani – e a questo non
vi è nulla da obiettare – tutta la loro fiducia va ad una
pallina d'ottone che chiamano bussola, non piú all'onni-
potenza di Dio! Questo Galilei fin da giovane si occupò
di macchine. Con le macchine pensano di far miracoli:
ma quali? Di Dio non sentono piú bisogno; ma che sorta
di miracoli saranno? Per esempio, non si deve piú parlare di alto e di basso: a loro non serve piú. Aristotele,
che per tutto il resto considerano alla stregua di una vecchia ciabatta, ha detto (e questo lo citano): « Se la spola

del telaio girasse da sola, se il plettro della cetra suonasse da sé, i maestri non avrebbero piú bisogno di aiutanti, né i padroni di servi ». Ed è quello che sta avverandosi, pensano. Quel malvagio sa ciò che fa, quando scrive le sue opere d'astronomia non piú in latino, ma nell'idioma volgare delle pescivendole e dei lanaioli!

PAPA Sí, non è stata una prova di buon gusto. Glielo dirò.

INQUISITORE È un sobillatore, un corruttore. I porti d'Italia sempre piú insistentemente chiedono, per le loro navi, le carte astronomiche del signor Galilei. Bisognerà acconsentire: si tratta d'interessi materiali.

PAPA Ma quelle carte precisamente poggiano sulle sue affermazioni eretiche! Si tratta proprio dei moti di quelle stelle che, se non si ammette la sua dottrina, non possono esistere. Se si condanna la teoria, è impossibile accettarle per buone!

INQUISITORE E perché no? Non si può fare altrimenti.

PAPA Tutto questo scalpiccio mi dà ai nervi. Perdonate, è piú forte di me.

INQUISITORE Possa questo scalpiccio esser piú eloquente delle mie povere parole, Santità. Pensate: se tutti costoro dovessero tornarsene a casa col dubbio nel cuore!

PAPA Ma insomma, quell'uomo è il piú grande fisico dei nostri tempi, è il luminare d'Italia, non un arruffone qualunque! Ha degli amici potenti. Che diranno a Versailles? E alla Corte di Vienna? Che la Chiesa è diventata un ricettacolo di marci pregiudizi! Non lo toccate!

INQUISITORE In pratica, non occorrerà andar molto lontano. È un uomo della carne. Capitolerà subito.

PAPA Non ne ho mai visto un altro cosí capace di godimento. Il pensiero stesso, in lui, è una manifestazione di sensualità. Davanti a un vino vecchio come a un pensiero nuovo, non sa dir di no. E poi, non voglio condanne di fatti materiali. Non voglio che si senta gridare da una parte « viva la Chiesa! » e dall'altra « viva la ragione! » Ho dato il beneplacito al suo libro, a patto che concludesse col riconoscimento che l'ultima parola non spetta alla scienza, ma alla fede. E lui ha tenuto il patto.

INQUISITORE Sí, ma come? Nel suo libro discutono un

uomo sciocco, che naturalmente sostiene le teorie di Aristotele, e un uomo intelligente che, non meno naturalmente, sostiene quelle del signor Galilei; e chi è dei due, Santità, che pronuncia l'ultima parola?

PAPA   Che volete ancora? Insomma, chi esprime il nostro pensiero?

INQUISITORE   Non è l'intelligente.

PAPA   Davvero? Che sfacciato! Insomma, questo scalpiccio nei corridoi è insopportabile. Tutto il mondo è convenuto qui?

INQUISITORE   Non tutto il mondo, Santità: la sua parte migliore.

Pausa. Il Papa è ormai adorno di tutto punto.

PAPA   Al massimo al massimo, lo si porti davanti agli strumenti.

INQUISITORE   Non occorrerà altro, Santità. Galilei di strumenti, se ne intende.

XIII.

*22 giugno 1633: Galileo Galilei rinnega davanti al-
l'Inquisizione la sua dottrina della rotazione della
terra.*

*E fu un giorno di giugno, che presto passò
e fu un giorno importante per me e per te.
La ragione uscì fuori dalle tenebre
e tutto un giorno stette dinanzi alla porta.*

Palazzo dell'ambasciata fiorentina a Roma.

I discepoli di Galileo sono in attesa di notizie. Frate Fulgenzio e
Federzoni giocano a scacchi secondo il nuovo metodo, con grandi
spostamenti dei pezzi. Virginia, inginocchiata in un angolo, recita
avemarie.

FULGENZIO   Il Papa non ha voluto concedergli udienza:
niente più discussioni scientifiche!

FEDERZONI   Era la sua ultima speranza... Glielo aveva ben
detto, tanti anni fa, a Roma, quando era ancora il Cardinale Barberini: tu ci sei necessario! Adesso lo hanno,
e se lo tengono stretto.

ANDREA   Lo uccideranno. Non terminerà i « Discorsi delle nuove scienze ».

FEDERZONI (*lanciandogli un'occhiata di straforo*)   Lo credi davvero?

ANDREA   Non abiurerà mai.

Pausa.

FULGENZIO   Quando la notte non si riesce a dormire, succede che il cervello continua a mulinare dei pensieri senza importanza. Stanotte, per esempio, non ho fatto che
pensare: non avrebbe mai dovuto lasciare la Repubblica Veneta.

ANDREA   Ma là non poteva scrivere il suo libro.

FEDERZONI   E a Firenze non poteva pubblicarlo.

Pausa.

FULGENZIO   E pensavo anche: se almeno gli permettessero di tenere con sé il suo sassolino, il « richiamo alla ragione », quello che porta sempre in tasca!

FEDERZONI   Eh! Di tasche, là dentro, non se ne parla.

ANDREA (*con un grido*)   No, non oseranno farlo! E anche se glielo faranno, lui non abiurerà. « Chi non conosce la verità è uno sciocco, ma chi, conoscendola, la chiama bugia, è un delinquente! »

FEDERZONI   Non lo credo neanch'io, e preferirei non vivere piú, se lui abiurasse. Ma quelli hanno la forza.

ANDREA   La forza non può tutto.

FEDERZONI   Forse.

FULGENZIO (*sottovoce*)   Da ventitre giorni è carcerato. Ieri c'è stato il grande interrogatorio. E oggi c'è il consiglio. (*Avvedendosi che Andrea lo sta ascoltando, alza la voce*) Quando venni qua a trovarlo, due giorni dopo il decreto, eravamo seduti lí fuori, ed egli mi mostrò il piccolo Priapo presso la meridiana del giardino – lo vedete là? – e paragonò la sua opera ad una poesia di Orazio, perché anche in essa non c'era nulla da cambiare. Mi parlò del suo senso della bellezza, che lo spingeva alla ricerca della verità. E mi citò il motto: « Hieme et aestate, et prope et procul, usque dum vivam et ultra »: e pensava alla verità.

ANDREA (*a Fulgenzio*)   Gli hai detto che aria di sfida aveva al Collegio Romano, mentre quelli esaminavano il suo cannocchiale? (*Fulgenzio scuote il capo*). Si comportava come se nulla fosse. Si teneva le mani sul didietro, sporgeva in fuori la pancia e ripeteva: « Vi prego, signori, ragionate un poco! » (*Ridendo, imita Galileo*).

Pausa.

ANDREA (*alludendo a Virginia*)   Prega perché abiuri.

FEDERZONI   Lasciala stare. Da quando quelli là l'han fatta parlare, non sa piú dove ha la testa e dove i piedi.

Entra l'individuo losco di Palazzo Medici.

INDIVIDUO Il signor Galilei sarà qui tra poco. Forse avrà bisogno di un letto.

FEDERZONI Lo hanno rilasciato?

INDIVIDUO È previsto che il signor Galilei abiuri alle cinque, in una seduta dell'Inquisizione. Nello stesso istante suonerà la grande campana di San Marco e verrà gridato in pubblico il testo dell'abiura.

ANDREA Non ci credo.

INDIVIDUO Il signor Galilei sarà portato qui, all'uscita del giardino dietro il palazzo, per evitare assembramenti nelle strade. (*Via*).

Pausa.

ANDREA (*improvvisamente, a voce alta*) La luna è una terra ed è priva di luce propria. E Venere pure è priva di luce propria ed è simile alla terra e si muove intorno al sole. E quattro lune girano intorno al pianeta Giove, che si trova all'altezza delle stelle fisse e non è fissato su una calotta. E il sole è il centro del mondo e sta immobile nel suo luogo, e la terra non è il centro e non è immobile. E tutto questo, egli ce lo ha mostrato.

FULGENZIO E la forza non può fare che un uomo non veda ciò che ha visto.

Silenzio.

FEDERZONI Sono le cinque.

Virginia prega piú forte.

ANDREA Non riesco piú a star fermo, no! Stanno uccidendo la verità. (*Si tappa gli orecchi con le dita. Frate Fulgenzio lo imita*).

Ma la campana non suona. Dopo una pausa, riempita dal mormorio delle preghiere di Virginia, Federzoni scuote la testa, in segno di diniego. Gli altri due abbassano le mani.

FEDERZONI (*rauco*) Niente! Le cinque e tre minuti.

ANDREA Non cede.

FULGENZIO Non abiura!

FEDERZONI   No. Dio sia lodato!

Si abbracciano, deliranti di gioia.

ANDREA   Dunque, la forza non basta! Non può arrivare
dove vuole! Dunque, la stupidità è vinta e non invincibile! E l'uomo non teme la morte!

FEDERZONI   Oggi ha davvero inizio l'era della scienza:
questo è il momento della sua nascita. Pensa, se avesse
abiurato!

FULGENZIO   Io non parlavo, ma ero all'agonia. O uomo di
poca fede!

ANDREA   Io invece lo sapevo.

FEDERZONI   Sarebbe stato come se dall'aurora fossimo ri-
piombati nella notte.

ANDREA   Come se la montagna avesse detto: io sono acqua.

FULGENZIO (*s'inginocchia piangendo*)   Dio, ti ringrazio!

ANDREA   Ma oggi è tutto cambiato! L'umanità umiliata
solleva la testa e dice: finalmente posso vivere! Questo
è quel che si ottiene, quando un uomo si alza in piedi e
dice di no!

In questo istante si odono i rintocchi della campana di San Marco.
Tutti restano impietriti.

VIRGINIA (*balzando in piedi*)   La campana di San Marco!
Non è dannato!

Dalla via si ode un banditore leggere l'abiura di Galileo.

VOCE DEL BANDITORE   « Io, Galileo Galilei, lettore di matematiche nell'Università di Firenze, pubblicamente a-
biuro la mia dottrina che il sole è il centro del mondo e
non si muove, e che la terra non è il centro del mondo e
si muove. Con cuor sincero e fede non finta abiuro, ma-
ledico e detesto i suddetti errori ed eresie, e qualunque
altro errore, eresia e setta contraria alla Santa Chiesa ».

La scena si oscura. Quando torna la luce, si odono ancora i rintocchi della campana, che però cessano subito. Virginia è uscita:
i tre discepoli di Galileo sono sempre in scena.

FEDERZONI   Non t'ha mai pagato decentemente per il tuo lavoro! Non sei mai riuscito a pubblicare un libro tuo, e neanche a comprarti un paio di calzoni. Ecco il bel guadagno che hai fatto a «lavorare per la scienza»!

ANDREA (*forte*)   Sventurata la terra che non ha eroi!

> Galileo è entrato. Il processo lo ha trasformato radicalmente, fin quasi a renderlo irriconoscibile. Ha udito le parole di Andrea. Per alcuni istanti si ferma sulla soglia, aspettando un saluto. Ma poiché nessuno lo saluta, anzi i discepoli si allontanano da lui, egli avanza lentamente, col passo incerto di chi ci vede male, fino al proscenio; qui trova uno sgabello e si siede.

ANDREA   Non posso guardarlo. Fatelo andar via.

FEDERZONI   Sta' calmo.

ANDREA (*grida a Galileo*)   Otre da vino! Mangialumache! Ti sei salvata la pellaccia, eh? (*Si siede*) Mi sento male.

GALILEO (*calmo*)   Dategli un bicchier d'acqua.

> Frate Fulgenzio esce e rientra portando un bicchier d'acqua ad Andrea. Nessuno mostra di accorgersi della presenza di Galileo, che siede in silenzio, nell'atto di ascoltare. Giunge di nuovo, da piú lontano, il grido del banditore.

ANDREA   Adesso riesco a camminare, se mi aiutate un po'.

> Gli altri due lo sorreggono fino all'uscita. In questo momento Galileo incomincia a parlare.

GALILEO   No. Sventurata la terra che ha bisogno di eroi.

RAGAZZO (*legge davanti al sipario*)   «Chi non vede come un cavallo cadendo da una altezza di tre braccia o quattro si romperà l'ossa, ma un cane da una tale e un gatto da una di otto o dieci, non si farà mal nissuno, come né un grillo da una torre, né una formica precipitandosi dall'orbe lunare? La natura non potrebbe fare un cavallo grande per venti cavalli, né un gigante dieci volte piú alto di un uomo, se non o miracolosamente o con l'alterar assai le proporzioni delle membra e in particolare dell'ossa, ingrossandole molto e molto sopra la simmetria dell'ossa comuni. Il creder parimente che nelle macchine artifiziali egualmente siano fattibili e conservabili le grandissime e le piccole, è errore manifesto».

XIV.

*1633-1642: Galileo Galilei vive fino alla morte in
una villa dei dintorni di Firenze, prigioniero del-
l'Inquisizione. I « Discorsi delle nuove scienze ».*

*Dal milleseicentotrentatre
    al milleseicentoquarantadue:
Galileo Galilei è prigioniero della Chiesa
    fino alla morte.*

Grande stanza con una tavola, un seggiolone
di cuoio e un mappamondo.

Galileo, vecchio e quasi cieco, è intento ad un esperimento con
una pallina lignea, che fa correre su una guida ricurva, anch'essa
di legno; nell'anticamera è seduto un frate di guardia. Si ode
bussare alla porta. Il frate apre; entra un contadino con in mano
due oche spennate. Dalla cucina sopraggiunge Virginia, ormai sulla quarantina.

CONTADINO   Devo consegnare queste.

VIRGINIA   Da parte di chi? Io non le ho ordinate.

CONTADINO   Mi han detto di dire che è da parte di uno di
passaggio. (*Via*).

Virginia osserva stupita le oche. Il frate gliele toglie di mano e le
esamina con diffidenza, poi, soddisfatto, gliele restituisce. Virginia, reggendole per i colli, le porta nella stanza principale a Galileo.

VIRGINIA   Uno di passaggio ha fatto portare queste in re-
galo.

GALILEO   Che roba è?

VIRGINIA   Non riesci a vederle?

GALILEO   No. (*Si avvicina*) Oche. C'è qualche nome?

VIRGINIA   No.

GALILEO (*prendendogliene una di mano*)   Grossa. Potrei
subito mangiarne un pezzetto.

VIRGINIA   Ma non puoi già aver fame: hai appena cenato!
E siamo daccapo, coi tuoi occhi? Dalla tavola avresti dovuto vederle!

GALILEO   Stavi nell'ombra.

VIRGINIA   No, che non stavo nell'ombra. (*Porta fuori le
oche*).

GALILEO   Cuocile col pepolino e le mele.

VIRGINIA (*al frate*)   Dovremo chiamare ancora l'oculista.
Non riusciva a vedere le oche dalla tavola.

FRATE   Chiederò il permesso a Monsignor Carpula... Scrive ancora qualche volta?

VIRGINIA   No. Il libro, lo sapete, me l'ha dettato. Le due
pagine che vi ho dato, 131 e 132, erano le ultime.

FRATE   È una vecchia volpe.

VIRGINIA   Non trasgredisce nessun precetto. Il suo pentimento è sincero, e ci sono io che lo sorveglio. (*Gli dà
l'oca*) Dite in cucina che mettano ad arrostire il fegato
con una mela e una cipolla. (*Torna nella stanza grande*)
E ora prendiamo cura dei nostri occhi. Basta con cotesta
pallina. Continua un poco a dettarmi la nostra lettera
settimanale all'arcivescovo.

GALILEO   Non mi sento. Leggimi un po' d'Orazio.

VIRGINIA   Monsignor Carpula (tanta riconoscenza gli dobbiamo, lo sai? Anche gli ortaggi arrivati ieri!) mi diceva
la settimana scorsa, che l'arcivescovo gli chiede sempre
se ti son piaciute le meditazioni e le citazioni che lui ti
manda. (*Si è seduta, preparandosi a scrivere sotto detta-
tura*).

GALILEO   A che punto eravamo?

VIRGINIA   Al quarto capoverso: « In merito al giudizio
espresso dalla Santa Chiesa circa i tumulti seguiti nel-
l'Arsenale di Venezia, approvo il modo tenuto dal Cardinale Spoletti verso i funari sediziosi... »

GALILEO   Già. (*Detta*) « Approvo il modo tenuto dal Cardinale Spoletti verso i funari sediziosi, ossia ritengo che
valga meglio distribuire loro buone minestre in nome
della cristiana carità anzi che pagar di piú le lor gomene
da navi e funi da campane: conciossiaché appaia prefe-
ribile rafforzar in essi la fede anzi che la sete di guada-

gno. Dice San Paolo Apostolo che la beneficenza non fallisce mai il suo scopo...» Che ti sembra?

VIRGINIA   Bellissimo, babbo.

GALILEO   Non rischia di essere preso come ironia?

VIRGINIA   No. Piacerà all'Arcivescovo. È un uomo pratico, lui.

GALILEO   Mi fido del tuo giudizio. Che c'è d'altro?

VIRGINIA   Una massima stupenda: «Quando sono deboli, allora sono piú forte».

GALILEO   Nessun commento.

VIRGINIA   Ma perché no?

GALILEO   Continua a leggere.

VIRGINIA   «Acciocché possiate conoscere come la carità di Cristo assai superiore sia ad ogni conoscenza». San Paolo, Epistola agli Efesii, III, 19.

GALILEO   Specialissime grazie rivolgo all'Eminenza Vostra per la meravigliosa citazione dell'Epistola agli Efesii: dalla quale, nella nostra inimitabile *Imitazione*, fui mosso a rinvenire ciò che segue (*cita a memoria*): «Colui che ascolta l'Eterna Parola è libero da molte domande. Se mi è consentito a tal proposito far cenno dei casi miei, osservo che tuttora mi si fa colpa di avere scritto in passato un libro sui corpi celesti nella lingua dei commerci. Non già che io intendessi con ciò proporre o approvare l'usanza di scrivere libri su materie di ben maggior levatura, come verbigrazia la teologia, nel gergo dei pastai. L'argomento a sostegno dell'uso del latino nella messa, ossia che l'universalità di quella lingua permette a tutti i popoli di assistere nella medesima guisa al Divin Sacrificio, non mi sembra molto ben scelto, inquantoché gl'incorreggibili detrattori potrebbero obiettare che in tal modo nessun popolo capirà mai le parole del sacerdote. Ritèngo si debba di buon grado rinunziare alla agevole comprensione delle cose sacre. Il latino dei pulpiti, che protegge l'eterna verità della Chiesa contro la bassa curiosità degli ignari, suscita un senso di confidenza se pronunciato da ecclesiastici di umile origine con l'accento del dialetto locale... No, cancella.

VIRGINIA   Tutto?

GALILEO   Dal gergo dei pastai in poi.

Si ode bussare alla porta. Virginia va nell'anticamera. Il frate a-
pre: entra Andrea Sarti, ormai uomo adulto.

ANDREA   Buonasera. Sono in viaggio. Lascio l'Italia, vado
in Olanda dove continuerò ad occuparmi di scienza. Mi
hanno chiesto di passare a fargli visita per poter dare sue
notizie.

VIRGINIA   Non so se vorrà vederti. Non sei più venuto.

ANDREA   Chiediglielo.

Galileo ha riconosciuto la voce: rimane seduto, immobile. Virginia rientra.

GALILEO   È Andrea?

VIRGINIA   Sí. Debbo mandarlo via?

GALILEO (*dopo una pausa*)   Fallo entrare.

Virginia fa entrare Andrea.

VIRGINIA (*al frate*)   Non c'è da preoccuparsi. Era un suo
discepolo, perciò ora è suo nemico.

GALILEO   Virginia, lasciami solo con lui.

VIRGINIA   Voglio sentire che cos'ha da raccontarti. (*Si
siede*).

GALILEO   Avvicinati. Che fai di bello? Parlami del tuo lavoro. M'han detto che ti stai occupando di idraulica.

ANDREA   Fabricius mi ha scritto da Amsterdam pregando-
mi d'informarmi della vostra salute.

Pausa.

GALILEO   Sto bene. Tutti hanno molte attenzioni per me.

ANDREA   Sarò contento di poterlo informare che state
bene.

GALILEO   Fabricius ne avrà piacere. E informalo anche che
vivo con una certa comodità. Grazie al mio profondo
pentimento ho ottenuto il favore dei miei superiori, tanto che mi hanno concesso, sia pure entro limiti ristretti
e sotto il controllo ecclesiastico, di dedicarmi ai miei studi di scienza.

ANDREA   Già. Anche a noi è giunta notizia che la Chiesa
è contenta di voi: la vostra totale sottomissione ha sor-
tito gli effetti sperati. Si assicura che i suoi capi hanno
constatato con viva soddisfazione che, da quando vi siete sottomesso, in Italia non è piú apparso un solo scritto
contenente nuove tesi scientifiche.

GALILEO (*l'orecchio teso*)   Purtroppo ci sono paesi che
non vivono sotto l'ala protettrice della Chiesa. Non vor-
rai dirmi che laggiú quelle fallaci dottrine vengono ancora professate?

ANDREA   Anche là, la vostra abiura ha provocato un con-
traccolpo salutare per la Chiesa.

GALILEO   Davvero? (*Pausa*). Nessuna notizia da Cartesio?
Da Parigi?

ANDREA   Sí. Avuta notizia della vostra abiura, ha chiuso
nel cassetto il suo trattato sulla natura della luce.

Lunga pausa.

GALILEO   Sono preoccupato per alcuni scienziati miei amici, che furono da me indotti in errore. Hanno tratto gio-
vamento dal mio esempio?

ANDREA   Per poter lavorare, ho deciso di recarmi in Olanda. Non si permette al bue ciò che Giove non si è permesso.

GALILEO   Capisco.

ANDREA   Federzoni si è rimesso a limare lenti in una bot-
teguccia a Milano.

GALILEO (*ridendo*)   Non sa il latino, lui!

Pausa.

ANDREA   Frate Fulgenzio ha abbandonato la ricerca scientifica ed è rientrato nel grembo della Chiesa.

GALILEO   Già... (*Pausa*). Per me, i miei superiori prevedo-
no un completo recupero delle energie spirituali. Sto
compiendo progressi insperati.

ANDREA   Ah.

VIRGINIA   Sia lode a Dio.

GALILEO (*burbero*)   Va' a occuparti delle oche, Virginia.

Virginia esce stizzita. Mentre passa per l'anticamera, il frate le rivolge la parola.

FRATE Quell'uomo non mi va.

VIRGINIA Non c'è da preoccuparsi. Non sentite quello che dicono? (*Uscendo*) Ci hanno portato dei formaggini di capra, freschissimi.

Il frate la segue.

ANDREA Viaggerò tutta la notte, perché voglio passare il confine domattina all'alba. Ora vi lascio.

GALILEO Sarti, cosa sei venuto a fare? A turbarmi? Da quando sono qui, devo usare prudenza: nella vita e nei pensieri. Ho già abbastanza ricadute!

ANDREA Non volevo davvero turbarvi, signor Galileo.

GALILEO Barberini li chiamava pruriti. Neanche lui ne andava del tutto esente. Ho ripreso a scrivere.

ANDREA Davvero?

GALILEO Ho terminato i « Discorsi ».

ANDREA Che? I « Discorsi su due nuove scienze: la meccanica e la caduta dei gravi »? Qui?

GALILEO Oh, mi concedono l'uso di carta e penna. I miei superiori non sono degli sciocchi: sanno che i vizi radicati non si abbandonano da un momento all'altro. E mi proteggono da ogni spiacevole conseguenza col farsi consegnare ogni pagina che scrivo.

ANDREA Mio Dio!

GALILEO Dicevi?

ANDREA Vi lasciano pestar l'acqua nel mortaio! Vi dànno carta e penna per tenervi buono! E voi, come avete potuto scrivere, con una simile prospettiva?

GALILEO Che vuoi? Sono schiavo delle mie abitudini.

ANDREA I « Discorsi » nelle mani dei frati! Quando ad Amsterdam, a Londra, a Praga venderebbero la camicia, per averli!

GALILEO Mi par di sentire Fabricius piagnucolare e picchiar colpi contriti sulla sua buona libbra di carne, mentre se ne sta al sicuro ad Amsterdam!

ANDREA Due nuove scienze praticamente perdute!

GALILEO   Ma si sentirà certamente sollevato, e non lui soltanto, nell'apprendere che ho messo a repentaglio gli
ultimi miseri avanzi della mia pace domestica per farne
una copia: di nascosto a me stesso, sto per dire, sfruttando, da sei mesi in qua, l'ultima oncia di luce delle
notti piú chiare.

ANDREA   Ne avete fatto una copia?

GALILEO   La mia vanità mi ha finora impedito di distruggerla.

ANDREA   Dov'è?

GALILEO   « Se il tuo occhio ti dà scandalo, strappalo »: chi
lo ha scritto, sapeva piú di me proteggere i suoi comodi.
Ritengo che sia il colmo della follia il consegnarla ad
altri; ma poiché non sono stato capace di astenermi dal
lavoro scientifico, tanto vale che ve la dia. È la, dentro
quel mappamondo. Se tu per caso meditassi di portarla
in Olanda, sia chiaro che lo faresti sotto la tua piena
responsabilità. In tal caso, l'avresti acquistata da una
persona che ha accesso all'originale custodito presso il
Sant'Uffizio.

Andrea si è avvicinato al mappamondo. Ne toglie la copia del
manoscritto.

ANDREA   I « Discorsi »! (*Sfoglia il manoscritto. Legge*) « È
mio proposito esporre una nuovissima scienza che tratta
di un assai antico oggetto, il moto. Con l'aiuto di esperimenti ho scoperto alcune sue proprietà che sono degne
di essere conosciute ».

GALILEO   Dovevo pur impiegare in qualche maniera il
mio tempo.

ANDREA   Saranno i fondamenti di una nuova fisica!

GALILEO   Nascondilo sotto il mantello.

ANDREA   E noi pensavamo che aveste disertato! Io sono
stato, di tutti, quello che piú vi ha dato addosso.

GALILEO   Non mi pare ci sia nulla da ridire. Io ti ho insegnato la scienza e poi ho rinnegato la verità.

ANDREA   Ma questo cambia tutto! Tutto!

GALILEO   Davvero?

ANDREA   Avete nascosto la verità! Contro il nemico. Anche sul terreno dell'etica ci precedevate di secoli.

GALILEO   Spiegati, Andrea.

ANDREA   Noi ripetevamo all'uomo della strada: «Morirà ma non abiurerà». E voi siete tornato dicendoci: «Ho abiurato, ma vivrò». Noi allora: «Vi siete sporcate le mani». E voi: «Meglio sporche che vuote».

GALILEO   Meglio sporche che vuote... Bello. Ha un suono di qualcosa di reale. Un suono che mi somiglia. Nuova scienza, nuova etica.

ANDREA   Fra tutti, io avrei dovuto capirlo! Avevo undici anni, quando vendeste al Senato veneziano il telescopio che un altro vi aveva portato; e vidi come lo usaste per uno scopo immortale. Quando vi prosternaste al mocciosetto fiorentino, i vostri amici scossero il capo: ma la vostra scienza conquistò un piú largo uditorio. Certo, vi siete sempre beffato degli eroismi. «La gente che soffre mi annoia, – solevate dire; – la sfortuna generalmente è dovuta a un errore di calcolo»; e «quando ci si trova davanti un ostacolo, la linea piú breve tra due punti può essere una linea curva».

GALILEO   Mi rammento.

ANDREA   Poi, nel '33, quando credeste bene di ritrattare un punto delle vostre dottrine che era diventato popolare, dovevo capire che avevate semplicemente deciso di ritirarvi da una rissa politica ormai senza speranza, per continuare a dedicarvi al vero lavoro dello scienziato.

GALILEO   Il quale consiste...

ANDREA   ...Nello studio delle proprietà del moto, padre delle macchine, che sole potranno rendere il mondo abitabile e ci permetteranno cosí di demolire il cielo.

GALILEO   Ah!

ANDREA   Volevate guadagnar tempo per scrivere il libro che solo voi potevate scrivere. Se foste salito al rogo, se foste morto in un'aureola di fuoco, avrebbero vinto gli altri.

GALILEO   Hanno vinto gli altri. E un'opera scientifica che possa essere scritta da un uomo solo, non esiste.

ANDREA   Ma allora, perché avete abiurato?

GALILEO   Ho abiurato perché il dolore fisico mi faceva paura.

ANDREA   No!

GALILEO   Mi hanno mostrato gli strumenti.

ANDREA   Dunque non l'avete meditato?

GALILEO   Niente affatto.

Pausa.

ANDREA (*forte*)   La scienza non ha che un imperativo: contribuire alla scienza.

GALILEO   E questo, l'ho assolto. Benvenuto allora nella mia sentina, caro fratello di scienza e cugino di tradimento! Vuoi comprare pesce? Ho pesce! E non è il mio pesce che puzza, sono io. Io svendo, e tu acquisti. O irresistibile potere di questa merce consacrata, il libro! Gli basta guardarlo perché gli venga l'acquolina in bocca e ricacci giú tutti gl'improperi. La grande Babilonia, la scarlatta belva assassina, spalanca le cosce, ed ecco, tutto è cambiato. Santificata sia la nostra congrega di trafficanti, di riverginatori e di tremebondi davanti alla morte!

ANDREA   La paura della morte è umana! E le debolezze umane non interessano la scienza.

GALILEO   No!... Caro Andrea, anche nella mia attuale condizione mi sento di orientarti un poco su tutto ciò che interessa questa professione di scienziato, cui ti sei legato per l'esistenza.

Breve pausa.

GALILEO (*con le mani professoralmente congiunte sull'adipe*)   Nel tempo che ho libero – e ne ho, di tempo libero – mi è avvenuto di rimeditare il mio caso e di domandarmi come sarà giudicato da quel mondo della scienza al quale non credo piú di appartenere. Anche un venditore di lana, per quanto abile sia ad acquistarla a buon prezzo per poi rivenderla cara, deve preoccuparsi che il commercio della lana possa svolgersi liberamente. Non credo che la pratica della scienza possa andar disgiunta dal coraggio. Essa tratta il sapere, che è un prodotto del dubbio; e col procacciare sapere a tutti su ogni cosa, tende a destare il dubbio in tutti. Ora, la gran parte della popolazione è tenuta dai suoi sovrani, dai suoi proprietari di terra, dai suoi preti, in una nebbia madreperlacea di superstizioni e di antiche sentenze, che occulta gli intrighi di costoro. Antica come le rocce è la condizione dei piú, e dall'alto dei pulpiti e delle cattedre si suole dipingerla come altrettanto imperitura. Ma la nostra nuova arte del dubbio appassionò il gran pubblico, che corse a strapparci di mano il telescopio per puntarlo sui suoi aguzzini. Cotesti uomini egoisti e prepotenti, avidi predatori a proprio vantaggio dei frutti della scienza, si avvidero subito che un freddo occhio scientifico si era posato su una miseria millenaria quanto artificiale, una miseria che chiaramente poteva essere eliminata con l'eliminare loro stessi; e allora sommersero noi sotto un profluvio di minacce e di corruzioni, tale da travolgere gli spiriti deboli. Ma possiamo noi ripudiare la massa e conservarci ugualmente uomini di scienza? I moti dei corpi celesti ci sono divenuti piú chiari; ma i moti dei potenti restano pur sempre imperscrutabili ai popoli. E se la battaglia per la misurabilità dei cieli è stata vinta dal dubbio, la battaglia della massaia romana per il latte sarà sempre perduta dalla credulità. Con tutt'e due queste battaglie, Andrea, ha a che fare la scienza. Finché l'umanità continuerà a brancolare nella sua nebbia millenaria di superstizioni e di venerande sentenze, finché sarà troppo ignorante per sviluppare le sue proprie energie, non sarà nemmeno capace di sviluppare le energie della natura che le vengono svelate. Che scopo si prefigge il vostro lavoro? Io credo che la scienza possa proporsi altro scopo che quello di alleviare la fatica dell'esistenza umana. Se gli uomini di scienza non reagiscono all'intimidazione dei potenti egoisti e si limitano ad accumulare sapere per sapere, la scienza può rimanere fiaccata per sempre, ed ogni nuova macchina non sarà fonte che di nuovi triboli per l'uomo. E quando, coll'andar del tempo, avrete scoperto tutto lo scopribile, il vostro progresso non sarà che un progressivo allontanamento dall'umanità. Tra voi e l'umanità può scavarsi un abisso cosí grande, che ad ogni vostro eureka rischierebbe di rispondere un grido di dolore universale... Nella mia vita di scienziato ho avuto una fortuna senza pari: quella di vedere l'astronomia dilagare nelle pubbliche piazze. In circostanze cosí straordinarie, la fermezza di un uomo poteva produrre grandissimi rivolgimenti. Se io avessi resistito, i naturalisti avrebbero potuto sviluppare qualcosa di simile a ciò che per i medici è il giuramento d'Ippocrate: il voto solenne di far uso della scienza ad esclusivo vantaggio dell'umanità. Cosí stando le cose, il massimo in cui si può sperare è una progenie di gnomi inventivi, pronti a farsi assoldare per qualsiasi scopo. Mi sono anche convinto, Andrea, di non aver mai corso dei rischi gravi. Per alcuni anni ebbi la forza di una pubblica autorità; e misi la mia sapienza a disposizione dei potenti perché la usassero, o non la usassero, o ne abusassero, a seconda dei loro fini. (*Virginia è entrata con un vassoio: resta immobile ad ascoltare*). Ho tradito la mia professione; e quando un uomo ha fatto ciò che ho fatto io, la sua presenza non può essere tollerata nei ranghi della scienza.

VIRGINIA   Babbo, hai il tuo posto nei ranghi della fede (*Si fa avanti e posa il vassoio sulla tavola*).

GALILEO   Giusto. Ora debbo cenare. (*Andrea gli tende la mano: Galileo la vede ma non la prende*) Ormai anche tu insegni. Come puoi permetterti di stringere una mano come la mia? (*Va verso la tavola*) Oggi un viaggiatore di passaggio mi ha mandato due oche. Apprezzo sempre la buona mensa.

ANDREA   Dunque, non pensate piú che sia cominciata una nuova era?

GALILEO   Al contrario. Abbiti riguardo. Quando attraversi la Germania, riponi la verità sotto il mantello.

ANDREA (*incapace di partire*)   Quanto al vostro giudizio sull'autore di cui abbiamo discorso, non so che rispondervi. Ma non posso credere che quella vostra crudel analisi sia l'ultima parola.

GALILEO   Grazie, signore. (*Comincia a mangiare*).

VIRGINIA (*accompagnando Andrea alla porta*)   Le visite
  degli amici del passato non ci fanno piacere. Lo mettono in agitazione.

Andrea esce. Virginia torna nella stanza.

GALILEO (*mangiando*)   Non hai pensato chi può aver mandato le oche?

VIRGINIA   Andrea no.

GALILEO   No, forse. Com'è la notte?

VIRGINIA (*alla finestra*)   Chiara.

1637: i « Discorsi delle nuove scienze » di Galileo oltrepassano i confini d'Italia.

Brava gente, meditate la fine:
la scienza fuggì passando il confine.
Noi che abbiamo sete di sapere,
lui come me, restammo al di qua.
Custodite perciò la luce della scienza,
fatene uso e non fatene spreco
perché non avvenga che una pioggia di fuoco
un giorno ci divori tutti quanti,
sí, tutti quanti.

Cittadina italiana di confine.

Sono le prime ore del mattino. Alcuni ragazzetti giocano presso la sbarra della garitta di confine. Andrea, accanto ad un cocchiere, aspetta che le guardie confinarie abbiano esaminato i suoi documenti. Seduto su una cassa, è intento alla lettura del manoscritto di Galileo. La vettura da viaggio è ferma oltre la sbarra.

I RAGAZZI (*cantano*)
    Maria sedeva su di un sasso,
    la camicetta rosa addosso:
    quella camicia, poverina,
    com'era stinta e pallidina!
    Ma quando il freddo inverno tornò,
    Maria la camicetta indossò:
    sbiadito non vuol dir sdrucito!

GUARDIA CONFINARIA Perché lasciate l'Italia?
ANDREA Sono uno scienziato.
GUARDIA (*allo scrivano*) Allora, sotto la voce: « Motivo dell'espatrio », scrivi: scienziato. Devo esaminare i vostri bagagli. (*Esegue*).
PRIMO RAGAZZO (*ad Andrea*) Fareste meglio a non star

seduto lí. (*Indicando la capanna dinanzi alla quale sta seduto Andrea*) Ci abita una strega, lí dentro.

SECONDO RAGAZZO   La vecchia Marina non è una strega.

PRIMO RAGAZZO   Vuoi che ti sloghi una mano?

TERZO RAGAZZO   Altro, se è una strega! Di notte vola per aria.

PRIMO RAGAZZO   E se non è una strega, com'è che in tutta la città non le dànno neppure un pentolino di latte?

SECONDO RAGAZZO   Ma che volare per aria! Non c'è nessuno che possa farlo. (*Ad Andrea*) O sí?

PRIMO RAGAZZO (*alludendo al secondo*)   È Giuseppe, lui. Non sa niente di niente. A scuola non ci va, non ha nemmeno un paio di calzoni sani!

GUARDIA   Che libro è, quello lí?

ANDREA (*senza alzare gli occhi*)   Un libro del grande filosofo Aristotele.

GUARDIA (*diffidente*)   E chi è?

ANDREA   Uno che è morto.

I ragazzi, intanto, per canzonare Andrea che legge, gli girano intorno, fingendo anch'essi di leggere libri mentre camminano.

GUARDIA   Tu, guarda un po' se parla di religione.

SCRIVANO (*sfogliando*)   Non trovo nulla.

GUARDIA   Che sugo c'è, a frugare cosí? Chi ci verrà mai a mostrare spontaneamente quel che vuole nascondere? (*Ad Andrea*) Dovete firmare che abbiamo esaminato tutto.

Andrea si alza con molta calma e, sempre continuando a leggere, entra nella garitta con la guardia.

TERZO RAGAZZO (*allo scrivano, indicandogli la cassetta*) C'è qualcos'altro, avete visto?

SCRIVANO   Quella? Ma prima non c'era?

TERZO RAGAZZO   Ce l'ha messa il diavolo! È una cassa.

SECONDO RAGAZZO   Ma no! È di quello straniero!

TERZO RAGAZZO   Io non ci sarei entrato, là dentro. La vecchia, al cocchiere Passi, gli ha stregato i ronzini. Ho guardato io dal buco che la tormenta ha aperto nel tetto, e ho sentito benissimo che tossivano.

SCRIVANO (*che si era avvicinato alla cassa, esita e torna in-
    dietro*)   Roba del diavolo, eh? Be', non si può poi con-
    trollare tutto! Dove s'andrebbe a finire?

Ritorna Andrea, portando una brocca di latte; si rimette a sedere
sulla cassetta e riprende a leggere.

GUARDIA (*che lo segue coi documenti*)   Richiudi le casse.
    C'è tutto?
SCRIVANO   Tutto.
SECONDO RAGAZZO (*ad Andrea*)   Dunque, siete uno scien-
    ziato. Ditemelo voi, allora: si può volare per aria?
ANDREA   Aspetta un momento.
GUARDIA   Passate pure.

Il cocchiere porta via i bagagli: Andrea prende la cassetta e fa
per seguirlo.

GUARDIA   Un momento! E in questa cassetta?
ANDREA (*tira fuori di nuovo il suo libro*)   Ci sono libri.
PRIMO RAGAZZO   È della strega.
GUARDIA   Sciocchezze! Che magia si può fare a una cassa?
TERZO RAGAZZO   Se ci mette lo zampino il diavolo...
GUARDIA (*ridendo*)   Qui serve a poco. (*Allo scrivano*) Su,
    aprila. (*La cassetta viene aperta. Seccato*) Quanti ce n'è?
ANDREA   Trentaquattro.
GUARDIA (*allo scrivano*)   Quanto tempo ti ci vorrà?
SCRIVANO (*che ha incominciato a frugacchiare superficial-
    mente dentro la cassetta*)   Tutta roba stampata. Però,
    allora, la colazione, me la salutate tanto. E io, quand'è
    che riesco a fare una corsa di là? C'è l'asta della casa del
    cocchiere Passi, e devo riscuotere tutti i pedaggi arre-
    trati; ma se mi metto a scartabellare questo po' po' di
    libri...
GUARDIA   Eh no, quei soldi non dobbiamo perderli.
    (*Smuove i libri col piede*) Cosa vuoi che ci sia, lí dentro!
    (*Al cocchiere*) Su, porta via.

Andrea segue il cocchiere, che porta la cassetta di là dal confine:
appena è passato, infila nella borsa da viaggio il manoscritto di
Galileo.

TERZO RAGAZZO (*indicando la brocca, lasciata lí da Andrea*) Guardate!

PRIMO RAGAZZO   E la cassetta è già dall'altra parte! Lo vedete se non c'era il diavolo?

ANDREA (*voltandosi indietro*)   No, c'ero io: impara ad aprire gli occhi, tu. Il latte è regolarmente pagato, e la brocca anche: sono per quella vecchia. E adesso sí, posso rispondere alla tua domanda, Giuseppe. Non si può volare per aria su di un bastone, bisognerebbe che ci fosse dentro una macchina: ma una macchina cosí non esiste ancora e forse non esisterà mai: perché l'uomo è troppo pesante. Ma naturalmente, non si può dire. Ne sappiamo troppo poco, Giuseppe, troppo poco. Davvero: siamo appena al principio. ·

Sulla «Vita di Galileo»

Le note alla *Vita di Galileo* non poterono esser raccolte e riviste da Brecht per la pubblicazione. Esse vengono qui stampate nella forma non riveduta [*Nota di Elisabeth Hauptmann*].
Traduzione di Mario Carpitella.

Premessa.

È ben noto quale benefico influsso possa esercitare sugli uomini la convinzione di trovarsi alle soglie di un'epoca nuova. Il mondo che li circonda appare ai loro occhi imperfetto, suscettibile dei piú luminosi miglioramenti, pieno di possibilità già intraviste e di altre mai prima sognate, docile cera in loro mano. Essi si sentono pieni di una freschezza mattinale, di forza, di inventiva. La fede corrente fino a quel momento viene trattata come superstizione, quanto ieri sembrava ovvio viene sottoposto a nuova indagine. Siamo stati dominati, dicono gli uomini, ma da ora in poi saremo i dominatori.

Nessun ritornello infiammò i lavoratori alla fine del secolo scorso con maggior forza del verso « Muove con noi la nuova era » [1]; vecchi e giovani marciarono sotto la sua insegna, i piú poveri e stremati non meno di coloro che già avevano conquistato qualche beneficio della civiltà; tutti si sentivano giovani. E anche sotto il dominio dell'imbianchino si ebbe la misura dell'inaudita forza di suggestione di queste parole: anch'egli prometteva tempi nuovi. In quel momento tali parole mostrarono quanto erano vaghe e prive di contenuto. La loro indeterminatezza, che ora veniva sfruttata dai demagoghi, ne aveva da tempo esaurito ogni energia. L'epoca nuova fu ed è qualcosa che investe tutto e nulla lascia inalterato, ma deve ancora rivelare il suo carattere; qualcosa in cui c'è posto per ogni sogno, e che affermazioni troppo precise possono solo limitare. Si ama la fresca sensazione di ogni inizio, la condizione del pioniere; la figura dell'iniziatore è piena di fascino. Si ama il sentimento di felicità di chi lubrifica una macchina nuova prima che essa dia prova della sua potenza; di chi in una vecchia carta geografica riempie uno spazio bianco, di chi sceglie il terreno per una casa nuova, per la propria casa.

[1] [Dal testo di una canzone socialista tedesca].

Questo sentimento è noto allo scienziato che fa una scoperta che cambierà il mondo, all'oratore che compone un discorso tale da produrre una situazione nuova. Terribile è il disinganno degli uomini quando scoprono, o credono di scoprire, di esser stati vittime di un'illusione, che il passato è piú forte del presente, che i « fatti » non sono per loro ma contro di loro, che la loro epoca, l'epoca nuova, non è ancora sorta. Allora essi soffrono come prima e assai piú di prima, perché ai loro sogni hanno sacrificato tante cose di cui ora avvertono la mancanza, si sono spinti troppo avanti ed ora vengono colti di sorpresa, il passato si vendica di loro. Lo scienziato o l'inventore, che prima di diffondere la sua scoperta è uno sconosciuto, ma è anche libero da persecuzioni, quando essa viene confutata e denigrata, diventa un truffatore e un ciarlatano, ahimè anche troppo noto; e chi era oppresso e sfruttato, una volta soffocata la sua rivolta, diventa un sovversivo, condannato a speciali pene e repressioni. Al fervore segue allora lo spossamento, alla speranza forse esagerata una disperazione forse altrettanto esagerata. E chi non cade in preda al torpore e all'indifferenza, finisce peggio. Coloro in cui non si è spenta la forza di agire per i propri ideali, la volgono ora contro quegli stessi ideali! Non c'è reazionario piú implacabile dell'innovatore fallito, non c'è nemico degli elefanti selvatici piú crudele dell'elefante addomesticato.

Eppure, può avvenire che questi delusi vivano davvero in un tempo nuovo, un tempo di grandi rivolgimenti. Ma di tempi nuovi essi non sanno nulla.

In questi tempi il concetto stesso di novità viene falsato. Il vecchio e il decrepito si affacciano sulla scena e si spacciano per novità, o tali sono proclamati se vengono imposti in maniera nuova. E ciò che è effettivamente nuovo, essendo oggi condannato, viene dichiarato cosa di ieri, svilito a moda effimera, che ha fatto il suo tempo. Nuovo è, ad esempio, il modo di combattere le guerre, mentre antiquato sarebbe un tipo di economia, appena abbozzata e ancora mai realizzata, che mira a rendere le guerre superflue. Nuovo è il modo in cui la divisione della società in classi viene consolidata, mentre antiquato sarebbe voler abolire le classi.

In tempi come questi le speranze degli uomini non vengono scoraggiate, bensí ritorte in senso contrario. Si sperava di avere un giorno del pane da mangiare. Ora è lecito sperare di avere un giorno da mangiare delle pietre.

In mezzo alla tenebra che rapida si diffonde su un mondo delirante, attorniati da gesti sanguinosi e da non meno sanguinosi pensieri, tra la crescente barbarie, che sembra incalzarci irresistibile verso la guerra piú grande e spaventosa di tutti i tempi, ci è difficile assumere un atteggiamento che si convenga ad uomini sulla soglia di un'era nuova e felice. Non è forse vero che tutto fa prevedere la notte imminente, e nulla l'inizio di tempi nuovi? Non dovremo allora assumere un atteggiamento piú consono ad uomini che vanno incontro alla notte?

Ma che vane parole sono queste: « era nuova »? Non è forse invecchiata perfino l'espressione? Le voci che ce la gridano sono rauche. Ormai è la barbarie stessa che si atteggia ad epoca nuova. La sua speranza, essa afferma, è di durare mille anni.

Dovremo dunque restare ancorati ai tempi andati? Occuparci dell'Atlantide, sprofondata nel mare?

Forse, mentre giaccio sul mio letto e penso al mattino, penso a quello che è già trascorso per non pensare a quello che viene? Forse perciò studio quell'epoca di splendore delle arti e delle scienze, passata da trecento anni? Voglio sperare di no.

Le immagini del mattino e della notte traggono in inganno. I tempi felici non nascono cosí come il mattino succede a una notte di sonno.

Il quadro spassionato di una nuova epoca.

Premessa alla versione americana.   Quando, nei primi anni del mio esilio, stavo scrivendo in Danimarca il dramma *Vita di Galileo*, nella mia ricostruzione dell'idea tolemaica dell'universo fui aiutato da alcuni assistenti di Niels Bohr, che stavano studiando il problema della disintegrazione dell'atomo. Era tra l'altro mia intenzione tracciare il quadro fedele di un'epoca nuova: impresa assai impegnativa, giacché intorno a me ognuno era convinto che alla nostra epoca per dirsi nuova mancasse tutto. Sotto quest'aspetto nulla era mutato quando, alcuni anni dopo, mi accinsi a produrre, in collaborazione con Charles Laughton, la versione americana del dramma. A metà del nostro lavoro l'« era atomica » fece il suo esordio a Hiroshima. Dall'oggi al domani la biografia del fondatore della nuova fisica assunse un ben diverso significato. L'infernale potenza della grande bomba gettava una luce nuova e piú viva sul conflitto di Galileo con le autorità del suo tempo. Poche modifiche furo-

no necessarie al dramma, e nessuna alla sua struttura. Già nel-
l'originale la Chiesa era rappresentata come un potere secolare, e la sua ideologia come, in fondo, permutabile con parec-
chie altre. Fin dal principio, come chiave di volta della gigantesca figura di Galileo era stato adottato il suo concetto di una
scienza legata al popolo. Per secoli e in ogni parte d'Europa,
il popolo, con la «leggenda di Galileo», gli fece l'onore di non
credere alla sua abiura, quando già da gran tempo derideva
gli scienziati come tipi strambi, dalla limitata ed emasculata
astrattezza. (La stessa parola «dotto» ha in sé qualcosa di ri-
dicolo, un che di passivo, quasi di «addestrato». Nel Bava-
rese la gente parlava dell'«imbuto di Norimberga», col quale
nei cervelli delle persone di non troppo viva intelligenza veni-
vano immesse piú o meno a forza grandi quantità di nozioni,
una specie di clistere intellettuale, che non le rendeva piú intel-
ligenti. Anche se uno aveva «trangugiato la scienza col cuc-
chiaio», la cosa era considerata innaturale. I «colti» – e anche
su tale parola grava questa fatale passività – parlavano di una
vendetta degli «incolti», di un odio innato contro l'«intelletto»; e in effetti il disprezzo si mescolava spesso all'animosità;
nei villaggi e nei sobborghi l'«intelletto» era considerato con
sospetto, perfino con ostilità. Ma troviamo questo disprezzo anche nelle classi cosiddette elevate. Esisteva un mondo a parte, il
«mondo dei dotti». Il «dotto» era una bizzarra figura, impo-
tente ed esangue, «presuntuosa» [1] e non troppo vitale).

Osservazione conclusiva sulla rappresentazione americana [2].
Deve essere saputo che la nostra rappresentazione fu allestita
nel periodo e nella nazione in cui era stata fabbricata e impie-
gata militarmente la bomba atomica, e dove la fisica atomica
rimaneva avvolta nel piú fitto segreto. Il giorno in cui la bomba venne sganciata non sarà facilmente dimenticato da chi si
trovava negli Stati Uniti, ai quali la guerra col Giappone era co-
stata effettivamente gravi sacrifici. I trasporti di truppe parti-
vano dalla costa occidentale, e qui sbarcavano i feriti e le vittime
delle malattie asiatiche. Quando i primi dispacci giornalistici

[1] [In tedesco *eingebildet*, che significa contemporaneamente «immaginario» e «presuntuoso»].
[2] Estate del 1947 a Beverly Hills, California, Usa, con Charles Laughton
nella parte di Galileo.

arrivafono a Los Angeles, si comprese che era la fine della guerra temuta, il ritorno dei figli e dei fratelli. Ma la.grande città si diede a manifestazioni di stupefacente cordoglio. L'autore udí conducenti d'autobus e fruttivendole al mercato non esprimere altro che sgomento. Era la vittoria, ma con l'ignominia di una disfatta. Venne poi il segreto di cui i militari e i politici circondarono la gigantesca fonte di energia, e che suscitò l'indignazione degli intellettuali. La libertà della ricerca, lo scambio delle scoperte, la comunità internazionale degli scienziati, tutto era paralizzato da dirigenti su cui ora cadeva il piú pesante sospetto. Grandi fisici si affrettarono ad abbandonare il servizio del loro bellicoso governo; uno dei piú famosi accettò una cattedra dove era costretto a sciupare il suo tempo insegnando i principî piú elementari, solo per non dover lavorare al servizio di questo governo. Scoprire qualcosa era diventato un'ignominia.

Esaltazione o condanna di Galileo?

Sarebbe un grave difetto della mia opera se avessero ragione quei fisici che mi dissero – in tono di approvazione – che l'abiura galileiana vi appare come ragionevole, ad onta di alcune « perplessità », per il fatto che essa consentí a Galileo di continuare i suoi studi scientifici, trasmettendoli ai posteri. In realtà Galileo arricchí l'astronomia e la fisica, nello stesso tempo in cui le svuotò di gran parte del loro significato sociale. Col discredito che esse avevano gettato sulla Bibbia e sulla Chiesa, queste scienze avevano combattuto per un certo tempo sulle barricate in difesa di ogni progresso. Ciononostante, è vero, il rivolgimento completo venne nei secoli seguenti; ma si trattò appunto di un rivolgimento, non di una rivoluzione; lo scandalo degenerò, per cosí dire, in una disputa tra specialisti. La Chiesa, e con lei tutta la reazione, poté ritirarsi in buon ordine e conservare piú o meno intatta la sua forza. Per quanto concerne queste scienze, esse non riacquistarono piú quella funzione cosí importante nella società, non tornarono piú su posizioni cosí vicine al popolo.

Il misfatto di Galileo può esser considerato il « peccato originale » delle scienze naturali moderne. Della moderna astronomia, che interessava profondamente una classe nuova, la borghesia, perché appoggiava le correnti sociali rivoluzionarie dell'epoca, egli fece una scienza specialistica strettamente limitata, la quale naturalmente proprio grazie alla sua « purezza », ossia alla sua indifferenza per il sistema di produzione, poté sviluparsi relativamente indisturbata. La bomba atomica, come fenomeno tecnico non meno che sociale, è il classico prodotto terminale delle sue conquiste scientifiche e del suo fallimento sociale.

L'« eroe » dell'opera non è dunque Galileo, bensí il popolo, come ha rilevato Walter Benjamin, benché con espressione a mio parere un po' troppo netta. Io spero che l'opera riesca a mostrare come la società estorca ai propri individui quanto da essi le serve. L'impulso scientifico, che è un fenomeno sociale, non meno voluttuoso e tirannico dell'impulso sessuale, porta Galileo su un terreno pericolosissimo e lo spinge in un doloroso conflitto col suo violento desiderio di altri piaceri. Egli punta il cannocchiale verso le stelle e si consegna ai suoi torturatori. Alla fine, coltiva la sua scienza come un vizio, in segreto, probabilmente in preda ai rimorsi. Di fronte a questa situazione, è impossibile caldeggiare la sua esaltazione totale o la sua totale condanna.

« Vita di Galileo » non è una tragedia.

Sorgerà quindi per i teatri il problema se rappresentare *Vita di Galileo* come una tragedia o come una commedia ottimistica. Ci si deve attenere, per il tono fondamentale, al « saluto alla nuova epoca » che Galileo pronuncia nella scena I, o a certe parti della scena XIV? Secondo le regole della costruzione drammatica attualmente predominanti, è nella conclusione di un dramma che deve trovarsi il peso maggiore. Ma il presente lavoro non è costruito su queste regole; esso mostra l'avvento di un'epoca nuova, e tenta di correggere alcuni pregiudizi su tale avvento.

Rappresentazione della Chiesa.

È importante che i teatri tengano presente che, qualora la rappresentazione di questo dramma venga diretta principalmente contro la Chiesa cattolica, esso è destinato a perdere gran parte della sua efficacia. Parecchi dei personaggi che vi compaiono portano l'abito ecclesiastico. Gli attori che per questa ragione li volessero rendere odiosi, sbaglierebbero. Né d'altra parte, è ov-

vio, la Chiesa ha il diritto di vedere occultate le debolezze umane dei suoi membri: troppo spesso essa ha incoraggiato queste
debolezze e represso il loro smascheramento. Ma il dramma non
intende nemmeno gridare alla Chiesa: « Via le mani dalla scienza! » La scienza moderna è una figlia legittima della Chiesa, che
si è emancipata e ribellata alla madre.

Nel dramma la Chiesa, anche là dove si oppone alla libera indagine scientifica, funge semplicemente da autorità costituita.
Poiché la scienza era una branca della teologia, essa è un'autorità spirituale, la suprema istanza in fatto di scienza. Ma è anche un'autorità secolare, suprema istanza in campo politico. Il
dramma mostra la temporanea vittoria dell'autorità, non quella
dell'istanza spirituale.

Se il Galileo del dramma non si scaglia mai direttamente contro la Chiesa, ciò corrisponde alla verità storica. Non esiste alcuna sua proposizione in tal senso. Se fosse esistita, una com-
missione d'indagine efficiente come l'Inquisizione l'avrebbe senza dubbio scoperta. Rispondente alla verità storica è pure la
conferma delle scoperte di Galileo ad opera del massimo astronomo del Collegio Romano pontificio, Cristoforo Clavio (scena
VI). Ed è altrettanto esatto che Galileo aveva degli ecclesiastici
tra i suoi discepoli (scene VIII, IX e XIII).

Mi sembra gratuito voler satireggiare gli interessi secolari
degli alti dignitari ecclesiastici (sia pure nella scena VII). Ma la
maniera superficiale in cui questi dignitari trattano lo scienziato è intesa qui a mostrare solo che, sulla scorta delle passate
esperienze, essi ritengono di poter contare sulla pronta condiscendenza di Galileo. E non si ingannano.

Pensando ai nostri uomini politici borghesi, gli interessi cul-
turali (e scientifici) di quei politici antichi sarebbero degni del
piú alto elogio.

Il dramma rinuncia quindi anche a considerare le falsificazio-
ni del protocollo del 1616, operate dalle autorità inquisitrici del
1633 e accertate dalla storiografia moderna, con alla testa lo
studioso tedesco Emil Wohlwill. Senza dubbio il verdetto del
1633 fu da esse reso giuridicamente possibile; ma chi intende
il punto di vista sopra accennato, capirà che l'autore non era in-
teressato a questo aspetto giuridico del processo.

Non può esservi dubbio che Urbano VIII era spinto da animosità personale contro Galileo, e che diresse personalmente,
nel modo piú odioso, l'azione promossa contro di lui. Il dramma
sorvola su questo aspetto.

Chi intende il punto di vista dell'autore, capirà che questo atteggiamento non significa ossequio per la Chiesa del secolo XVII, né per quella del secolo XX.

La rappresentazione della Chiesa come potere costituito non le vale naturalmente un verdetto assolutorio nel processo teatrale che questo dramma intenta ai persecutori dei campioni della libera indagine scientifica; ma sarebbe assai pericoloso, proprio oggi, voler conferire carattere religioso a una questione come la lotta di Galileo per la libertà della scienza. L'attenzione verrebbe in tal modo disastrosamente stornata da quei poteri reazionari del giorno d'oggi che nulla hanno a che spartire con la Chiesa.

Il Galileo di Laughton.

Laughton espresse la novità della figura di Galileo nella sua epoca facendolo contemplare il mondo circostante come uno straniero, come chi guardi una cosa che abbisogna di chiarimento. Questo suo faceto contemplare trasformava i monaci del Collegio Romano in fossili. Del resto, egli mostrava di divertirsi alle loro primitive argomentazioni.

Ad alcuni diede noia che Laughton pronunciasse il discorso sulla nuova astronomia (scena I) a torso nudo; il pubblico poteva rimanere sconcertato al sentire un uomo seminudo pronunciare parole cosí elevate. Ma proprio questa mescolanza di materia e di spirito interessava Laughton. Il « piacere di Galileo », quando il ragazzo gli friziona la schiena, divenne grazie a lui una manifestazione spirituale. Del pari, Laughton sottolineava il fatto che Galileo torna a gustare il vino quando, nella scena IX, apprende che il papa reazionario sta morendo. Il suo modo di camminare beatamente su e giú, il suo giocare con le mani nelle tasche dei pantaloni, nel progettare nuove ricerche, sfioravano i limiti dell'irritazione. Nei momenti piú creativi di Galileo, Laughton mostrava una contraddittoria commistione di aggressività e di inerme e vulnerabile debolezza.

Note.

1. La scenografia non deve indurre nel pubblico l'illusione di trovarsi in una stanza dell'Italia medievale o in Vaticano. Il pubblico deve conservare la persuasione di trovarsi in teatro.

2. Lo sfondo non deve limitarsi all'ambiente che circonda immediatamente Galileo; esso deve rappresentare altresí, con fantasia e gusto artistico, l'ambiente storico. Tuttavia deve conservare la sua natura di sfondo (ciò si può ottenere se ad esempio la scenografia non brilla per colori propri, ma mette in evidenza i costumi degli attori; se mette in risalto la plasticità delle figure restando piatta, pur contenendo elementi plastici, ecc.).

3. I mobili e gli accessori devono essere realistici (comprese le porte) e soprattutto suggestivi dal punto di vista storico-sociale. I costumi dovranno essere individualizzati e portare i segni dell'uso. Sono da sottolineare le differenze sociali, giacché nelle mode trapassate ci riesce difficile riconoscerle. I colori dei costumi saranno da graduarsi l'uno rispetto all'altro.

4. La disposizione dei personaggi deve mirare alla qualità dei quadri storici (non perché l'elemento storico risalti come suggestione estetica; questa norma vale anche per le opere contemporanee). La regia potrà ottenere quest'effetto ideando titoli storici per vari avvenimenti. (Ad esempio, per la prima scena, si potrebbero impiegare i seguenti titoli: « *Il fisico Galilei spiega al suo futuro collaboratore Andrea Sarti la teoria copernicana e predice la grande importanza storica dell'astronomia* » – « *Per guadagnarsi da vivere, il grande Galileo dà lezioni ad allievi ricchi* » – « *Galileo, che ha chiesto i mezzi per continuare i suoi studi, viene invitato dalle autorità universitarie a inventare strumenti economicamente proficui* » – « *Galileo costruisce sulle indicazioni di un viaggiatore il suo primo cannocchiale* »).

5. L'esecuzione deve essere improntata a una tranquilla grandiosità. Bisogna evitare i continui cambiamenti di posizione e i movimenti meno significativi dei personaggi. La regia non deve mai dimenticare che parecchi discorsi e avvenimenti sono difficilmente accessibili, sicché è necessario esprimere il senso

fondamentale dell'azione scenica già nelle posizioni. Il pubblico
dev'essere sicuro che un'andatura, un alzarsi, un gesto hanno
significato e meritano attenzione. Tuttavia i gruppi e i movimenti devono rimanere assolutamente naturali e realistici.

6.   Gli interpreti dei dignitari ecclesiastici vanno scelti con
particolare cura realistica. In nessun caso si ha di mira la cari-
catura della Chiesa; tuttavia il raffinato eloquio e la « cultura »
dei principi della Chiesa del XVII secolo non devono indurre la
regia a cercare tipi troppo spiritualizzati. In questo dramma la
Chiesa rappresenta soprattutto il potere costituito; come tipi, i
dignitari ecclesiastici devono assomigliare ai nostri banchieri e
senatori.

7.   La rappresentazione della figura di Galileo non dovrebbe mirare a stabilire l'immedesimazione e la partecipazione del
pubblico; si dovrebbe anzi lasciare il pubblico libero di assumere piuttosto un atteggiamento di stupore, di riflessione, di cri-
tica. Galileo andrebbe rappresentato come un fenomeno del tipo di Riccardo III, dove l'adesione emotiva del pubblico è raggiunta grazie alla vitalità di questa figura singolare.

8.   Quanto piú serio è l'impegno storico di una rappresentazione, tanto piú fruttuosamente può risaltarne l'umorismo;
quanto piú grandiosa la messinscena, tanto piú intima può essere l'atmosfera della recitazione.

9.   In sé e per sé, la *Vita di Galileo* potrebbe essere rappresentata senza eccessive modifiche dello stile teatrale corrente,
all'incirca come un « polpettone » storico con un grosso protagonista. Tuttavia un'esecuzione convenzionale (che però non
sarebbe necessariamente avvertita come tale dagli attori, e tanto
meno se contenesse originali trovate registiche) indebolirebbe
considerevolmente la forza vera del dramma, senza perciò ren-
derlo « piú accessibile » al pubblico. Gli effetti fondamentali del
dramma andranno perduti se il teatro non adotterà uno stile
adeguatamente trasformato. L'autore è abituato alla risposta
« non è roba per noi »: l'ha sentita anche in patria. Di fronte a
lavori come questo, la maggior parte dei registi si comporta come avrebbe reagito un fiaccheraio di fronte a un'automobile al-
l'epoca della sua invenzione, se, prendendola come un puro vei-
colo, senza curarsi delle istruzioni per l'uso, avesse attaccato da-

vanti alla macchina dei cavalli, naturalmente in numero maggiore di quelli che attacca alla carrozza, dato che questa è piú leggera. Anche questo fiaccheraio avrebbe risposto, se gli avessero indicato il motore: «Non è roba per noi».

Indice

Stampato per conto della Casa editrice Einaudi
presso ELCOGRAF S.p.A. - Stabilimento di Cles (Tn)

C.L. 6296

Ristampa			Anno	
57	58	59	2020	2021